フランス語をはじめたい！

一番わかりやすいフランス語入門

清岡智比古

SB新書
611

はじめに

　フランス語？　そりゃあできたらいいよね〜！　でもさ
あ、なんだかムズイって評判じゃない？　それからあの
（ジャポ〜ンみたいな）鼻にかかった発音、気取ってるっ
て思われないかな。それに（これは秘密なんだけど）、英
語だって……だったし（って言わせないで！）

　はい、よ〜くわかります。そういうご意見、ご感想、今
までにも耳のたこが踊り出すくらい聞いたことがありま
す。でもね、まあいろいろありますけど、いいんじゃない
でしょうか、楽しければ！　そうなんです、実はフランス
語の勉強って、意外に楽しいんです！（意外に?!）

　申し遅れましたがわたし、フランス語教員をかれこれ
30年やっていて、参考書を作ったり、NHKのラジオやテ
レビで講師をしたりしてきました。そしてその中で感じた
ことの1つが、ああ、もったいない！　ということです。
ちょっとやってみよっかなあ、でもなあ、ムズイって言う
しなあ、と足踏みしてしまったり、あるいはそこを乗り越
えて、せっかくフラ語デビュー（＝ début、フラ語です！）
を果たしたのに、一番険しいルート（急斜面と氷壁が！）
を選んだがために、なんとなくデクレッシェンド＆フェー
ドアウトしちゃったり。これはほんとにもったいない。だっ

て、もっとラクチンで効率のいいルートがあるからです。そしてそれが、この本なのです！

　フランス語なんて、フランス（だけじゃありません。おいおい詳しくご紹介します）に行けば、小学生だって話してます。わたしたちにだってできないはずないんです！気楽に、軽いフットワークで、フランス語の世界に触れてみるのはいかがでしょうか？　そしてもし、ああ、こんな感じなのね？　じゃあ、もうちょっと追加で何かやってみようかな、と思ったなら、その時は、参考書も、ラジオもテレビもスクールだってあります。おや？　なんかまぶしいと思ったら、みなさんの未来が、トリコロールに輝き始めているじゃないですか！　まいりましたねえ！

　この本は、まずなんと言っても、フランスのさまざまな文化や芸術（映画、小説……）、あるいはフランス人たちの「生態」などに触れながら、気づいたらフランス語が身近になっていた、という具合になることを目指しています。ネタ話を聞いていたら、いつの間にか……、というわけです。もちろん、ガチガチ文法の急斜面は出てきません。

　なのでたとえば例文も、「この近くに郵便局はありますか？」みたいな実際には使わない（だって Google Map あるし！）ものではなく、あくまでリアルで、それプラス「沁みるな〜」というものを選びました。そしてまた、これも

大事な要素なんですが、「フランス語の骨組みが見えやすい」という点も重視されています。

　なるほど、そんな三拍子揃った例文があるなら、それはいいかも！　でも、そのリアルで沁みて骨組みが見える、一粒で三度おいしい例文て、具体的にはどんな感じなの？

　はい、この本では、映画『最強のふたり』の中のセリフや、『星の王子さま』の中の文を多めに取り上げています。この2作には、リアルな「お役立ちフレーズ」であり、じわっと「沁み」て、なおかつ骨組みが透けて見えやすい表現が、あちこちにちりばめられているからです！

『最強のふたり』（2011）は、日本で公開されたフランス映画の中で、興行収入が歴代1位（それまでは『アメリ』でした）で、大学の授業でも学生と一緒に見る機会が多いんですが、とっても評判がいい作品です。最新作とは言えませんが、今のフランスの若者たちも、この作品をよく見ているそうです。なにしろ主演の一人のオマール・シーは、今やフランス・ナンバー1の人気者なのです。

　このなかなか気の利いたコメディ映画、主人公は「ふたり」です。一人はパリの真ん中（グルネル通り85番地です。よければ Google Map で確認を！）の豪邸に住む中年男性。彼はパラグライダーの事故で首から下が動かせないので、世話係を必要としています。そしてもう一人は、パリ郊外

の団地（Google Map なら Avenue Jean Lebas Bondy で検索）に住むセネガル系（←字幕では訳されてません）移民のワカモノで、彼は刑務所から出てきたばかり。そしてなんとこのワカモノが、あの富豪の世話係になって……、というお話です。出会うはずのない「ふたり」が出会ったわけですね。

『星の王子さま』のほうは、タイトル（原題は Le Petit Prince『小さな王子』です）やあのイラスト（象を呑んだボア蛇の絵、とかね！）を知らない人はいないと思いますが、これは単なる子ども向けのおとぎ話ではありません。パイロットである主人公の「わたし」は、ある日、事故でサハラ砂漠に不時着します。そしてその砂漠のド真ん中で、不思議な男の子に出会うのです。実はその子は、自分の星を離れて、いくつもの惑星を訪ねた後、地球にやってきた petit prince（小さな王子）でした。そして１週間ほど一緒に砂漠で過ごすうち、ふたりは「友だち」になります。けれども、小さな王子が自分の星に帰る日が近づいていました。１本のバラと仲直りするために、王子は帰る決心をしたのです……。

　両作品とも、掛け値なしに傑作です。そしてこの本で例文を読んでから見直して（読み直して）くださったなら、今までの何倍も深く味わえることをお約束します！

　さて、ではフランス語の話に戻りますが……

この本は、あくまで「最初の一歩」なので、込み入った
ところや、例外的な要素はスキップしています。（なので
すでに中・上級の方は、そのつもりでお願いします！）でも
もその代わり、**ココだけ押さえとけばこの項目はいけるで
しょ！**　という点を拡大して、ていねいに見ていこうと
思っています。

　ただし「最初の一歩」とはいうものの、「フランス語検
定5級」の範囲の80％くらいはカバーしています。検定
の合格ラインは60％＋αくらいですから、ワンチャンこ
の本だけで合格してしまっても、文句は言えません！

　言うまでもないと思いますが、文法用語を振り回すなん
てことはゼッタイありません。仕方なく使う場合は、必ず
その用語自体の説明もセットにしてあります。

　というわけです。では、どうぞ気楽に、軽い足取りで出
発しましょう。この本を読み終え、フランス語が「友だち」
になっているあなた自身を思い浮かべながら！

著者

『フランス語をはじめたい！ 一番わかりやすいフランス語入門』
目次

第２章

紳士淑女の手ほどき

ボンジュール、フランス語
〜フランス語を始める前に

フランス語はムズカシイってほんとなの？

　さてみなさん、フラ語（フランス語の短縮形ね）に関する二大「都市伝説」をご存じでしょうか？　１つは単純に、「フラ語ってムズカシイ」というもの。そしてもう１つが、「フランス人は、英語ができても、フランス語で返事してくる」です。結論から言いましょう。もちろん両方とも「伝説」そのものです！

　まず第１の「伝説」ですが、まじめに言えば、言語はみんなムズカシイです。そりゃそうですよね？　でも、「伝説」が言っているのはそんな深い話じゃないでしょう。これはもう間違いなく、フランス語だけ特別ムズカシイなんてことあり得ません。だってフランス（だけじゃないです）に行けば、小学生だって……って、もう言いましたっけ？

　この点の補足として、ちょっとだけラテン語の話をして

もいいですか？　いきなり寄り道ですみませんが、ラテン語とフランス語は、実は深〜い関係にあります。

　みなさん、「あいつはラテン系だよね」みたいなセリフ、お聞きになったことがあると思います。でもそもそも、「ラテン系」ってどんな人たちのことなんでしょう？　これにはれっきとした定義があります。つまり、「ラテン語から派生した言語を使っている民族」のことです。じゃあ、ラテン語（西ローマ帝国の公用語でした）から派生した言語って？　これは５つあります。フランス語、スペイン語、ポルトガル語、イタリア語、ルーマニア語です。これらの言語を使っている人たちが、「ラテン系」なわけですね。

　フランスの学校では、日本で「古典」を勉強する感じで、「ラテン語」の授業を受けます。日本の大学でフラ語を勉強する学生も、それにならってラテン語の授業を受けたりもします。わたしも受けました、後期の途中まで！　そして、あえなくザセツしてしまったのです（泣）。理由は簡単、覚えることが多過ぎるのです。忘れもしません、ラテン語の動詞には、未来形の受け身専用の活用形があったのです！　その細かい文字で埋め尽くされた動詞活用一覧を見たとき、わたしはそっとペンを置いたのでした……。

　でも！　ラテン語は昔の人たちにとってもムズカシかったらしく、とりわけ庶民が使う話し言葉では、俗化が進んだようです。そしてさらに進み、さらに俗化が進んででき

たのが、そう、フランス語なのです。となるとフランス語は、明らかにラテン語よりはやさしいはずですね！

フランス人に英語で話しかけると
フランス語で返されるの？

　ではついでですから、第2の「伝説」についても種明かしをしておきましょう。みなさんがパリで、それも観光客があまり来ないようなところで、英語で道を尋ねたとします。そういう場合、十中八九、相手はフランス語で答えるでしょう。で尋ねた人は、ああこれがあの「伝説」か、と思ってしまうわけですが、これはマヤカシです。訊かれた人は、英語ができないのです！　できるなら、もちろん英語で答えます。だって、何のために英語を勉強したんでしょう？　それは使うためです！　実はフランスも、どこかの東洋の島国と同じように、〈学校での英語教育が効果的に

16

進んでない問題〉を抱えています。ということは……（以下略）。

あなたはもうフラ語デビューしている！

　すみません！　前置きが長くなってしまいました。今度こそ具体的な話です！
　難しいという「伝説」が広まっているフラ語ですが、実はその単語の半分ほどは、英語とかぶっています。
　これを見てください。さて、なに語でしょうか？

air	important	nature
concert	impossible	office
culture	information	question
double	local	restaurant
fruit	machine	table
image	nation	train

　え〜と、英語に見えるんですけど……？　そう、どれも英語で、どれもフラ語なんです！　ということは、これらの単語をご存じの場合、すでにフラ語の単語のつづりも知っていることになります。（なんだ、知ってたし！）
　ではせっかくなので、ちょっこっとだけチガウけど激似な

カップルたちも、少しご紹介しちゃいましょう。

フランス語	英語	日本語
groupe グループ	group	グループ
danse ダンス	dance	ダンス
hôtel オテル	hotel	ホテル
musique ミュズィック	music	音楽
parc パルク	park	公園
planète プラネットゥ	planet	惑星
téléphone テレフォン	telephone	電話
tomate トマトゥ	tomato	トマト
actif アクティフ	active	活発な
délicat デリカ	delicate	デリケートな
magique マジック	magic	魔術的な
naturel ナチュレル	natural	自然な
riche リッシュ	rich	金持ちの
intouchable アントゥーシャーブル	untouchable	さわれない

　むしろチガイを見つけるのに苦労します！　しかもこういうカップルはまだまだあるんです。ということは、みな

さんもうお気づきでしょう。みなさんは中学や高校で英語を勉強したことがあるはずなので、そう、ケンシロウならきっとこう言うでしょう。**おまえはもうフラ語デビューしている**、と！

　ただし残念ながら（？）、たとえつづり字は同じでも、読み方は違います。（同じようなのもあります。）それから意味も、ちょっとズレてるケースがあります。（変わらない場合もあります。）その辺、第1章以降で、少しずつ見ていきましょうね！

フランス語と英語の「ワケあり」な関係

　でもそもそも、どうしてフラ語と英語は似てるんでしょう？　かたやラテン系、かたやゲルマン系（ドイツ語や北欧の言語もこのグループ）らしいのに？　実はこれには、はっきりした理由があります。フランス語は、イングランドの公用語だったから！　なんです。

　え！　そうだったの？　と思いますよね？　あるいは、歴史に強いあなたなら、ああ、ノルマン・コンクェストね、と思ったかもしれませんね。そう、その通りです。

　時は 1066 年。フランスのノルマンディー地方には、ノルマンディー公国（いわゆる「王」ではなく、「公 duc」が君主となっている国）がありました。その「公」である

ギョームは、イングランドでエドワード王が亡くなったの
を知ると、オレ親戚だから王位継ぐわ！　と宣言し、大軍
を率いてイングランドに侵入。そして迎え討つ軍勢を打
ち倒し、実際イングランド王となりました。（ちなみに
Guillaume という名前は、英語のウイリアム William に対
応しています。カタカナだとけっこう違いますが、つづり
を見ると、ちょっと似てる、かな？）

　それから約300年、社会の上層部にはどんどんノルマ
ン人が入りこみ、彼らはフランス語（厳密には、ノルマン
ディーの、ということですが）を使い続けたので、イング
ランドの上流階級もそれに合わせてフランス語を使い始
め、その結果、大量のフランス語が英語に流れ込んだわけ
です。

　その有名な例として知られているのが、「牛」と「豚」
です。これは英語では、それぞれ cow や ox、そして pig
などと呼ばれていました。けれどもフランス語話者たちが
食事中、「牛」を bœuf、「豚」を porc と言っているのを聞
きつけ、「牛肉」については beef、「豚肉」については
pork という新語が生まれ、それが現在の英語にまで残っ
ているというわけなのです。（フラ語では分かれていませ
ん！）このあたりの影響関係は、厳密には言語学者の領分
で、かなり複雑な変化がいろいろあったようですが、要は、
このノルマンディー公ギョームの出兵が、後の言語状況に

重大な影響を与えたわけなんですね。

フラ語と英語は文の形だって似ている

　さて、フラ語と英語は単語がかぶっている、という話をしてたわけですが、実は、かぶっているのは単語だけじゃありません。**文の形だって似ている**んです。たとえば；

I am Naomi.　　　I love Paul.　　　You go to Paris.

Je suis Naomi.　　J'aime Paul.　　　Tu vas à Paris.
ジュ スュイ ナ オ ミ　　　ジェム　　ポール　　　　テュ ヴァ ア パ リ

　似てますよね？　というか、この 3 文については、**並び方は完全に同じ**です。ね、意外に簡単でしょ !?（たしかに……）フラ語を勉強すると、英語の理解まで深まるって言われているんですが、それってほんとです。フラ語と比べることで、今まで気づかなかった英語の特徴もビンビン伝わってきます。一粒で二度おいしいです！（←古い）

　では、この章の締めくくりに、耳寄りな情報をお伝えしておきましょう。みなさんは、すでにフラ語デビューしているわけですが、ここにはもう 1 つ大きな理由が関わっています。それは、文字です。ロシア語やアラビア語や韓国語を勉強し始めるとき、最初にしなきゃならないのは、文

字を覚えることです。特にアラビア語の、あの優美にして踊るような曲線は、見ているだけならうっとりしますが、いざ覚えるとなると大変そうです。

　しかし！　なんとみなさんは、フラ語で使う 26 文字を、すでに知っているのです！　というのもそれらは、英語のabc... と同じだから。これって、おそろしく有利な出だしです。想像してみてください。フランス人が日本語を勉強するとなったら、まずはひらがなを覚えなきゃならないんです。それから漢字。今も昔も大学の図書館には、「小学6年生・漢字ドリル」に取り組む留学生たちの姿が後を絶ちません。そして努力してそのドリルをマスターしても、まだ SB 新書は読めません……。

　というわけで、みなさんがどれほど有利な状況にあるのか、お分かりいただけたでしょうか？　「フラ語はムズカシイ」は都市伝説で、みなさんは超有利なスタートをすでに切っています。この調子で、軽いステップで進んでいきましょう！（なんだろう、いけそうな気がする！）

　アルファベットのことは、アルファベ（alphabet）と言います。とりあえず載せますので、サラサラと眺めていただければ十分です。**今覚える必要はありません！**　ちょっとだけ練習ね。（はあ？　眺めればいいんじゃ？）いや、覚えなくていいんです。ちょっと言ってみるだけ！

◆ アルファベ

a ア	h アッシュ	o オ	v ヴェ
b ベ	i イ	p ペ	w ドゥーブルヴェ
c セ	j ジ	q キュ	x イックス
d デ	k カ	r エール	y イグレック
e ウ	l エル	s エス	z ゼッドゥ
f エフ	m エム	t テ	
g ジェ	n エヌ	u ユ	

イニシャルも、フラ語使えばザンシンか？（七五調）さあ、こちらも声に出してどうぞ！

USB	ユー エス ベー	
ADN	ア デ エヌ	DNA のこと
NHK	エヌ アッシュ カー	
TDL	テー デー エル	東京ディズニーランド
ZEE	ゼッドゥ ウ ウ	EEZ（排他的経済水域）
BMW	ベー エム ドゥーブルヴェ	ちがうクルマか!?

たしかにザンシンでした！　特に（ちょっとだけ）注目
して欲しいのは、ZEE です。ゼッドゥ・ウ・ウ。ウ・ウっ
てなに？　サイレン？　もちろんチガイます！　表をご覧
ください。e の読み方は……、「ウ」ですね？　これは英
語の「イー」とはっきり違うし、まあしょっちゅう出てく
る文字なので、知っていてもいいかな？（ここでは「ウ」
と書いていますが、実際は弱い音です。そうですねえ、「う
めぼし」じゃなく、「きつねうどん」って言うときの「う」
くらい？　もちろん「たぬきうどん」も可です！）

　そうだ、1つだけ。次の行に、みなさんの名前をローマ
字で書き込んでみてください。そしてそれだけ、アルファ
ベで言ってみてください。ホテルのフロントで、感じのい
いスタッフに説明するつもりで！

名前：
_____

フラ語が通じるのはどこ？〜モントリオール・1

　さて、各章の終わりに置かれたコラムでは、世界中に散らばっているフラ語が通じる地域を、順にご紹介していくことにしましょう。これがね、意外とあるんです。

　まあフランスは当たり前として、まずは、カナダのケベック州が思い浮かびます。中心都市はモントリオールで、『タイタニック』の主題歌を歌った Céline Dion も、この街の
セリーヌ　ディオン
出身です。彼女の母語はもちろんフラ語です。

　フランス人がこの土地に入りこみ始めたのは、種子島に鉄砲が持ち込まれたのと同じ 16 世紀前半でした。そしてその約 200 年後、今度はイギリスがこの土地を制圧、フランス語に続いて英語も広がってゆきます。

　現在のモントリオールは、典型的な「複数言語空間」です。交差点で信号待ちをしていると、右側ではフランス語、左側では英語で会話していたりというのが、当たり前の日常になっています。それから GAP や H&M に入って行くと、店員さんたちはにこやかな笑顔とともに、「ハーイ、ボンジュール！」と声をかけてきます。そこでみなさんが「ハーイ！」と返事をすれば、その後の会話は英語になり、「ボンジュール！」と答えれば、フラ語でのやりとりが始まるのです。（モントリオールには、英語やフランス語以外の言語を使うコミュニティも存在しています。この街は、正真正銘の「複数言語空間」です。）

第1章
クロワッサン、グルメから、シルエットまで
〜音とつづり字の深〜い関係

　♪小さな女の子は何でできてる？　砂糖、スパイス、そしてステキなものすべて……。いいですね♥　じゃあ、言葉って何でできてるんでしょう？　それは「音」と「意味」と「文字」だと言われています。（実際には、「文字」を持たない言語もたくさんあるわけですが。）そして外国語に触れてみようかなっていう場合、やっぱり最初は「音」ですよね？　だって、読めないと気分上がらないし！

　というわけで、大学の授業も最初は「音とつづり字の関係」からなんですが、それを始める前に、おそらく日本中のフランス語の先生たちが行なう「つかみ」があります。日本語になっているフランス語をどんどん挙げていって、ああこれもフランス語だったのね！　という雰囲気を作り出すのです。これって、あまりにベタ過ぎるし、古くさい導入なんですが、ちょっと聞いてみたいですか？　そう？　まあそうおっしゃるなら、とりあえずやっときましょうか！

　音とつづり字を比べながら、ゆっくり眺めてみてくださ

い。

	日本語	フランス語の読み方
croissant	クロワッサン	クルワッサン
chocolat	ショコラ	ショコラ
café au lait	カフェ・オ・レ	カフェ オ レ
gourmet	グルメ	グルメ
grand prix	グランプリ	グラン プリ
macaron	マカロン	マカロン
mont blanc	モンブラン（ケーキ）	モンブラン（山）
silhouette	シルエット	スィルウェットゥ
tarte	タルト	タルトゥ

もう少しだけ。今度は固有名詞です。

固有名詞	読み方
Chanel	シャネル
Louis Vuitton	ルイ ヴュイトン
Hermès	エルメス
Céline	セリーヌ
Yves Saint-Laurent	イヴ サン ローラン
Comme des Garçons	コム デ ギャルソン
Christian Louboutin	クリスティアン ルブタン
Jean-Paul Hévin	ジャン ポール エヴァン
Baccarat	バカラ

どうでしょう。フラ語を身近に感じていただけましたか。
え？　最後の文字は、けっこう読んでないみたい？　シャ
ネルはチャネルじゃないのかって？　もう、つづり字と音
の関係に気づいてしまったみたいですね！　トレビアン！
ではいよいよ、ルールの説明に入りましょう！

「愛」と「キャベツ」と「ムール貝」、さて共通点は？
～音とつづり字の関係は規則的

　ムール貝、日本ではそれほど食べませんが、フランスで
はとてもポピュラーです。パリのあちこちにあるレストラ
ン Léon はチェーン店ですが、それでもかなりおいしいし！
　　 レオン
（カレー味のマドロスが特にオススメ。）そして問題は、こ
のムール貝と「愛」や「キャベツ」との間にどんな共通点
があるのか、なんですが、これを解く鍵は、音とつづり字
の関係にあります。

　というわけでここでは、フランス語の「音とつづり字の
関係」を見ていきましょう。最初に、すご～く大事で、英
語とはゼンゼン違う点をはっきりさせておきます。それは；

**フラ語の音とつづり字の関係は、すごく規則的。だから、
このルールが分かれば、知らない単語でも読める！**

　これはどういうことかというと……

たとえば日本語のひらがなの場合、「あ」の読み方はいつでも「ア」ですよね？　「**あ**なた」も「**あ**した」も「君に**あ**いたい♡」も、読み方は「ア」です。もちろん、これが「あい」（「**あい**なめのポワレ」、「**あい**してるって言って」「君に**あい**たい」）であっても同じことです。

　じゃあ英語の場合はどうでしょう？　これはそうはいきません；

アウ　　　　オウ　　　　ア

house　　soul　　country
ハウス　　　ソウル　　　カントゥリー

　同じ ou っていうつづり字なのに、読み方は3通りも！　どういうこと？　どういうルール？　と思いますよね。でもこれ、読み方のルールはないようです。つまり、ムリクリ覚える必要があると。Mmm... 英語の不規則性おそるべし！

　一方、フラ語です。これを見てください；

ウ　　　　　　　ウ　　　　　ウ　　　　　　　　ウ

gourmet　　bonjour　　boutique（店）　　rouge（赤い）
グルメ　　　　ボンジュール　　ブティック　　　　　ルージュ

　どうでしょう、ou というつづり字は、いつでも「ウ」という音になっています。（「ボンジュール」などは「ウー」

となっていますが、今回を含め、読みがなでのオンビキ「ー」は気にしなくていいです。これはカタカナで表記するときのさじ加減（！）で、フラ語は同じ音［u］です。）つまり先ほど、**フラ語の音とつづり字の関係はすごく規則的**と言ったのは、こういうことなんですね。

　さあ、ついにムール貝にまつわる疑問が解ける瞬間が来ました。ここまでのことを踏まえ、カッコ内に適当なカタカナを入れてみてください。どうぞ！

amour（愛）　　　　chou（キャベツ）　　　moule（ムール貝）
ア（　　　）ール　　　（　　　）ー　　　　　（　　　）ール

　ou はみんな「ウ」だと。だったらあとは、これに子音を付ければいいだけですね。なので答えは、「ア**ム**ール」「**シュ**ー」「**ム**ール」となります。つまり共通点というのは、みんな ou が入ってる、でした！（ええ!?　そんなのわかるわけないし！）いいんです、もうわかったから！

　ちょっと迷うのは真ん中の chou の読み方。「チュー」ではなく、「シュー」なんです。ここでは、ある読み方のルールが使われているんですが、それについては後述しますので、もう少しお待ちくださいね。

　ちなみに「シュークリーム」は、フラ語では、chou à la
crème。意味は「クリーム入りのキャベツ」です！（皮は
_{クレーム}

固めが好き❤)

　さらにこの chou は、「わたしの」を表わす mon を付けて mon chou にすると、恋人への呼びかけなんかにも使えます。「わたしのキャベツちゃん❤」ですね。ちなみに恋人への呼びかけとしては、これ以外にも「ジャガイモ」や「シュガー」や「ノミ（！）」も使えます。あなたなら、どれで呼ばれたいでしょうか？（わたしはノミ以外希望）

　ちょっとキャベツ関連に気を取られてしまいましたが、ここでお伝えしたかったのは、音とつづり字の関係のルールが分かれば、**知らない単語でも読める！**　ということです。で、ついでに１つ大事、というか、便利な情報をお知らせしておきます。

　ここでは、ou は「ウ」だと言ってきたわけですが、そしてもちろんそういう風に覚えてもらってもゼンゼン OK なんですが、なんなら、たとえば bonjour の音とつづりを覚えてくれてもいいんです。でそれが分かっていれば、なにかの単語の中に ou が含まれているのを見つけた時、待てよ、bonjour は「ボンジュール」なんだから、ou は「ウ」ってことだな！　と考えて頂いてもちろんいいわけです。なにか気に入った単語を覚えてしまえば、その**覚えた単語の読み方自体が、他の単語を読むときの「即席ルール」としてバッチリ利用できる**のです。なんかさあ、フラ語やさしすぎない !?

Hermès はどうして「ヘルメス」じゃないの？
～読まない音の３つのルール

さてここからは、音とつづり字の関係の全体的なルールを見ていくんですが、その前に、３つだけ確認したいことがあります。大丈夫、すぐ終わります。

これからのルール説明は、単語を読みながら進めていくんですが、フラ語の単語の読み方には、前提となる３つのお約束があるんです。それは言い換えれば、３つの読まない箇所のことでもあります。さあ、単語の中で読まない（発音しない）部分というのは、どこなんでしょうか？

◆ 単語の中で読まない３箇所

```
ⅰ）単語の最後に来た子音字
    （子音字＝ a,i,u,e,o,y 以外の 20 文字）
ⅱ）単語の最後に来た e
ⅲ）h の字
```

この３つのルール、実はみなさんはもう知っているはずです。だってほら、

ⅰ）chocolat   gourmet   grand prix
　　ショコラ　　　　グルメ　　　　グラン プリ
ⅱ）silhouette   tarte   rouge
　　スィルエットゥ　タルトゥ　　　ルージュ
ⅲ）Hermès   Hévin
　　エルメス　　　　エヴァン

太字のところは読まない、というわけですが、いかがでしょう、みんな見覚えのある単語ばかりですね？（まあ、かすかに！）

　ただ、ⅰ）についてはちょこっとだけ例外があります。実は c・f・l・r だけは例外で、この4文字はたとえ単語の最後に来ても、むしろ読むことの方が多いんです。たとえば、chef、hôtel なんかです。（読むことの方が多いですが、
シェフ　オテル
いつも読むとは限らないんです。しかも読むか読まないかは、辞書を引かないと分かりません。申し訳ありません！）で、この4文字を説明するときの、これもまた伝統的で超ベタな説明があるんですが、聞きたいですか？　そうでもない？　まあ、一応言っときますね。（だと思った！）これは、「careful が出てきたら Be careful！」です。そう、たまたま英語の careful という単語の中に、問題の4文字が入っているんですね。

merci，Eiffel，prince，Chanel
〜読み方4つのルール

　では今度こそ、音とつづり字の関係の全体的なルール、本番です。まあ「全体」ですから、ちょっと量はありますが、大丈夫、さっき言ったとおり、お気に入りの単語を覚えてしまえばそれで OK です！
オケ

さて、では始めましょう。まずここでは、全体を４つに分けて考えます。こんな感じです；

◆ 読み方の４つのルール

> ⅰ）母音字が１つの場合
> ⅱ）母音字が２つ or ３つの場合
> ⅲ）鼻母音（鼻にかかる音）になる場合
> ⅳ）英語とチガウ読み方の子音字の場合

「音とつづり字の関係」を見ていこうとしているわけですが、その割には、４つのうち３つが「母音（字）」関連です。これってどういうことでしょう？　そう、単純です。**フラ語の読みにおいては、母音字の読みがキモなのです！**　子音字は、なんならほとんど英語風なんです。なのでみなさん、この「母音字」の理解に集中いたしましょう！

基本はローマ字読み Merci！
～ⅰ）母音字が１つの場合

では、まずは「ⅰ）母音字が１つの場合」からです。
　母音というのは、ちゃんと声帯を震えさせる「音」のこと。日本語で言えば、「あ、い、う、え、お」ですね。そして母音字は、母音として発音される「文字」のことです。フランス語の場合は、「a, i, u, e, o, y」の６文字がこ

れに当たります。で、ⅰ）では、この6文字を、**1文字だけで読むときどうなるのか**、をご紹介していくんですが、なんとこれ、簡単なんです。というのも、基本**ローマ字読み**でOK！ だからです。列挙しますね；

a［ア］ ⅰ［イ］ u［ユ］ e［エ］ o［オ］ y［イ］

また、たとえばàとかîとかéとかôとか、いわゆる「つづり字記号」（文字の上に乗っかってるやつ）が付いていても、発音は変わりません。ちょっと例を見てみましょうか；

ア	イ	エ	オ	イ
table	bou**ti**que	**me**rci	**zé**ro	**sty**le
ターブル	ブティック	メルスィ	ゼ ロ	スティル

たしかにローマ字読みですね！

ただし、上に挙げた6文字の中に、ローマ字読みにならない文字が1つだけあります。それは、**u［ユ］**です。そして、実はこのu、それなりに頻繁に登場するので、これはちょっと気をつける必要があります。たとえばこんな感じです；

ユ ユ	ユ
culture キュルテュール	super スュペール

　ね？　u は［ユ］だって分かっていても、「キュ」だの「テュ」だの「スュ」だのって書かれると、「そんなんなりはるの～？」って思いますよね？　ふつうです。み～んな思います！　だからこそ、u だけは注意して欲しいわけです。（英語の場合、u の読みは基本［ア］ですが、フラ語で［ア］になることはありません。）

　ところで culture と言って思い出すのは、2021 年、コロナ禍の真っ最中にフランスで導入された制度、Pass Culture パッス・キュルテュール（文化パス）です。これは、当時 18 歳だった人たちを対象に、いわゆる文化活動に使える「お小遣い」を、300€ 支給するものでした。（翌年、もっと若い人たちにも拡大。）フランスのワカモノたちはこのお金を何に使ったか？　なんと、支給されたお金のほぼ 60 ％が、manga マンガの購入に充てられたのです、この制度の名前が、Pass Manga パッス マンガ と揶揄されるようになるほど！

　マンガと言えばあれはたしか 2008 年のこと、『孤独のグルメ』や『神々の山嶺』で知られるマンガ家谷口ジローさんが、フランスの小説家と対談イベントをしたとき、わたしもお手伝いしたことがあります。その時のことで一番記憶に残っている出来事は、対談後に起こりました。谷口

36

さんのマンガ本を抱きしめた（ほんとに！）フランス人の
ワカモノたちが、サインを求めて長蛇の列を作ったのです。
並んでいるワカモノたちの眼は、まさに♥♥そのもの。谷
口さんの人気ぶりには、ほんとに驚かされました。そして
現在、日本発の manga のフランスでの売り上げは、フラ
ンスの伝統的マンガである bande dessinée とほぼ拮抗す
るところまで来ているといいます。すごいですね！
　　　　　　　　　バンドゥ デスィネ

　さて、話を戻しましょう。「a, i, u, e, o, y」、この 6
文字は、基本ローマ字読みなんだ、という話でしたね。た
だ、それはその通りなんですが、2 つ付け加えなければな
りません。これ、すみません、ちょっとだけ込み入ってい
ます。でも、しょっちゅう出てくるし、やっぱり避けて通
れません。ただ安心してください。1 つはすでに皆さんご
存じのルールです！

　その追加ルールというのは、e に関するものです。**e は
基本的に［エ］**だと言いました。それはそうなんですが、
次に挙げる 2 つの場合、e は読みません！

◆ e を読まない（＝無音になる）2 つのケース

ⅰ）単語の最後にきたとき
ⅱ）〈e ＋子音字＋母音字〉と並んだとき

＊ただし、é, è, ê など、「つづり字記号」が付いていれば、いつでも「エ」です。

なんだ、ⅰ）は知ってたし！　ですね。これは単語を読む大前提の１つでした。

　問題はⅱ）です。例を挙げましょう。

leçon（課、レッスン）
ルソン

samedi（土曜日）
サムディ

　どうでしょう、両方とも、e の後に〈子音字＋母音字〉が続いているのが分かるでしょうか？　leçon なら、〈e ＋ç（子音字）＋ o（母音字）〉、samedi なら、〈e ＋ d（子音字）＋ i（母音字）〉の形になっていますね。こんな風に並んだとき、e は読まないんです。だから、**レ**ソンとも**サ**メディとも読みません。そしてこれは、こういう「ルール」であって、「例外」ではありません。つまり、この条件に当てはまれば、いつでも適用されるものなのです。今後フラ語の例文を読んでいて、あれ？　この e はなんで「エ」って読まないんだろう？　と思ったら、ココを思い出してください。たしか、読まないケースがあったはずだと！　復習するは我にあり！

Eiffel はなぜ「エイフェル」じゃない？
〜ⅱ）母音字が２つ or ３つの場合

　では次にⅱ）です。みなさんもうご存じの ou、あるいは ei とか eau とか、母音字が２文字 or ３文字組み合わさ
ウ

れたとき、まとめてどう読むのか、を確認していきます。

　ここでの最初のポイントは、フラ語には、**基本、二重母音はない**ということです！

　二重母音は、英語ではメチャメチャ出てきました。ほら、「オウ」だの「アウ」だの「エイ」だの。なんなら三重母音だってありました。ファイヤー（「アイア」が入ってます）とかね。でも、なんとフラ語には、基本、二重母音はないんです。だから、これからご紹介する ai とか ei とか au とかも、**みんな 1 つの母音**で読みます。こんな感じです；

◆ 2 つ or 3 つの母音字をまとめて読むパターン

ai, ei 　：エ	lait（ミルク）　　　Eiffel（固有名詞） レ　　　　　　　　エッフェル
au, eau：オ	audition（オーディション）　　eau（水） オーディスィオン　　　　　　　オー
eu, ou ：ウ	fleur（花）　　bonjour（こんにちは） フルール　　　　ボンジュール
oi 　　：ワ	croissant（クロワッサン） クルワッサン

　これは見た目ほどメンドーじゃありません。表の左側を見ると、なにやら覚えにくそうですが、右側を見ればいいんです。しかも、lait は「カフェ・オ・レ」の「レ」だし、Eiffel「エッフェル」はあの有名な塔だし、eau は「オー・デ・コロン」（正確には eau de cologne「オー ドゥ コローニュ」）の「オー」です。ただし、oi の 2 文字で「ワ」だっ

ていうのは、知らないとゼッタイ読めません。これは覚えちゃいましょ、今！

　そしてこれはさっきも言った通り、これらの単語の音とつづりが分かってしまえば、それは当然、単語の中の太字部分の読み方も分かるってことなので、他の単語を読もうとする時にも、その知識を使えばいいだけです。ぜひココは、声に出して何度も読んでみてください。外国語の上達のために、音読は欠かせません。（これはマジ。）だって、頭で知っていても、口から音になって出てこないと、相手に伝わりませんからね。

フラ語は鼻にかけてナンボです
～iii）鼻母音（鼻にかかる音）になる場合

　フラ語って、なんか鼻にかかった音が混じっていると思いません？　そうなんです、フラ語の母音には、息を半分鼻に抜く、鼻母音と呼ばれる音が3種類あるんです。

　そして、その鼻母音になるつづり字には、特徴があります。〈母音字＋m〉か、〈母音字＋n〉という形になるんです。（mでもnでも、音に差はありません。）次の表を見てください。同じ行に入っていれば、同じ音です。たとえば1行目、4通りのつづりが書いてありますが、4つとも同じ音。差はまったくありません。

◆ 鼻母音になるつづり

am, an, em, en：アン	enfant（子ども） アンファン
im, in, um, un：アン	prince（王子） プランス
om, on　　　：オン	non（いいえ） ノン

＊あまり出てきませんが、ym も yn も「アン」です。

　これも左側を見ると、ナエル〜、となりそうですが、そうは言っても読み方は**2種類だけ**です。つまり、om と on を「オン」と言えば、あとの鼻母音ははみ〜んな「アン」。楽勝でしょ!?　ただし、半分息を鼻から抜くことを、おはふれなふ（お忘れなく）〜！

　いや待って、そんなはずないゾ、たしか鼻母音は３種類だって聞いた気がする……とご心配のあなたにお伝えします。実は、上の表の１行目と２行目の「アン」は、ちょっと違う音です。１行目は、口を開いて、やや「オン」に近い「アン」。２行目は、口を横に引っ張って、やや「エン」に近い「アン」なんです。（ym、yn は２つめのグループです。）この発音の使い分けは、日本中のフラ語学習者が戸惑うところ。でも今は、両方「アン」で OK です。もっと上を目指したくなったら、その時は、……ハンハロ（がんばろ）〜！（いつもより余計に鼻にかけております！）

Chanel はなぜ「チャネル」じゃない？
～iv）英語とチガウ読み方の子音字の場合

さて、最後は子音字です。そもそも子音字は、子音として読まれる「文字」のことです。具体的には、母音字（a, i, u, e, o, y）以外のすべての文字、つまり 20 文字（b, c, d, f, g...）のことです。

ただこれは、多くの場合英語と同じ読み方なので、それらについてはスルーしましょう。ここでは、明らかに違うものをピックアップします。でも、そんなに数は多くありません！

◆ 子音の読み方ルール

h	読まない（例外なし！）
ch	後に「ア・イ・ウ・エ・オ」が付けば、「シャ・シ・シュ・シェ・ショ」
gn	後に「ア・イ・ウ・エ・オ」が付けば、「ニャ・ニ・ニュ・ニェ・ニョ」
qu	2 文字で、子音の [k]（英語の qu は [kw]）
th	[t]（h は読まないから……、と考えましょう）
ç	[s]（尻尾（?）のついた c、ってことです）
母音字＋ s ＋母音字	母音字に挟まれた 1 つの s は [z]（s はふつう [s]）

ここの「子音」は、カタカナだとかえって間違えやすいので、発音記号もちょこっと使いました。

　さて、最初の2つは、すでに出てきた hôtel や intouchable、
あるいは chou、Chanel を思い出して頂ければいいですね。
では、それらも含めて例を挙げます；

◆ 英語とチガウ読み方になる子音字

つづり	読み方	こうは読まない	意味
hôtel	オテル	<u>ホテル</u>	ホテル
Chanel	シャネル	<u>チャ</u>ネル	シャネル
cognac	コニャック	コ<u>グナ</u>ック	コニャック
question	ケスチオン	<u>クウェ</u>スチョン	質問
théâtre	テアトゥル	<u>セア</u>トゥル	劇場
garçon	ギャルソン	ギャル<u>コン</u>	少年
saison	セゾン	セ<u>ソン</u>	季節

　今回もまた、左端の列には見たことがあるような単語が
並んでいます。しつこくてすみませんが、これさえ覚えちゃ
えば、あとは他の単語にも当てはめるだけです！

『最強のふたり』のオリジナル・タイトルは Intouchables 〜音とつづり字の関係の復習

　はい、長々と展開してきた「音とつづり字の関係」、これで終了です。でも、今この地上に、フラ語の音とつづり字の関係を、一回聞いて覚えられる人はいません！　少し復習してみましょう。

　『最強のふたり』のオリジナル・タイトルは Intouchables。これは単数形だと Intouchable。さあ、何て読むんでしたっけ？　前述した４つのルールをすべて使いますよ。

【in：アン】と読むんでした（41 ページ参照）。**【ou：ウ】**というルールもありました（39 ページ参照）。Bonjour の ou と同じルールですね。tou なら「トゥー」となります。それから、**【ch：これはあとに「アイウエオ」を付けると、「シャ・シ・シュ・シェ・ショ」】**になるんでした（42 ページ参照）。これは、chocolat の cho と同じルールです。そして、**【− e：単語の最後に来た e の字は読まない】**。だから、tarte はタルテではなくタルトゥと読むんでしたね（32 ページ参照）。

　これらを組み合わせると……、「アントゥーシャーブル」になりますね。（アンタッチャブルじゃないですよ！）
　それにしても、この「さわれない」っていうタイトル、

どういうことなんでしょう？　さっきも書いたとおり、映画のタイトルは複数形で、しかも1語なので、まあ名詞みたいに扱われています。その辺を踏まえて考えると、これは「さわれない者同士」、つまり「出会うことのない人同士」を意味しているようです。そしてこれを、映画の内容に則してさらに考えるなら、Intouchables とは、「パリの階級社会の中で、経済力も教養も住む場所も違い、まあふつうならゼッタイ会うことのない人同士」のことであり、そういう関係である二人、つまり超大金持ちでパリの真ん中に暮らすヨーロッパ系白人フィリップと、パリ郊外の団地で育ったセネガル系移民のドリスが、なんと出会ってしまった、という物語なわけですね。『最強のふたり』の中には、さまざまな対比が示されていますが、このタイトルを知って見ると、さらに味わい深いようです。（なんだか、また見たくなってきたぞ。）

単語と単語の間で起きる3ルール
～「シャンゼリゼ」も「サン・テグジュペリ」も！

では、この章の締めくくりです。ここまでは、フラ語の単語を読みながら、音とつづり字の関係を確認してきました。そしてここからは、単語そのものではなく、**単語と単語の間で起きるルール**を3つ、ご紹介しましょう。とりあえず名前だけいっておくと、ⅰ）リエゾン、ⅱ）アンシェ

ヌマン、ⅲ）エリジオン、です。どれも初耳かと思います
が、大丈夫、これが終わったら、めでたく名詞や動詞へと
進んでいきます。あとちょっとです！

　で、これらの３つのルールはどれも、たしかに単語と単
語の間で起きるものではあるんですが、実はもう１つ重要
な条件があります。それは、**後の方の単語が、母音で始まっ
ている**ということです。これも３ルール共通ですから、そ
こんとこヨロシク！

　では順にいきましょう！

ⅰ）読まない字が復活するリエゾン

　じゃあまずはリエゾンから。これは、フラ語らしい響き
を作るルール、と言ってもいいかもしれません。まずは例
をどうぞ；

petit enfant （プティ＋アンファン）小さな子ども
プティ タンファン
des oranges （デ＋オランジュ）いくつかのオレンジ
デ ゾランジュ

　カッコの中が、２つの単語を別々に読んだ場合。ルビが、
リエゾンした場合です。
　「小さな子ども」の方を見てください。petit（小さな）は、
ふつうに読めば「プティ」です。（日本語だと「プチ」で
すね。プチ・デザート、プチ・トマト……）これが「プティッ

トゥ」という読みにならないのは、「単語の最後に来た子音字（ここでは t）は読まない」というルールがあるからでした。ここまではいい、ですね？

　でも今は、この petit の直後に、母音で始まる語＝enfant が来ています。するとここで、リエゾンというルールが発動し、**本来は読まなかった petit の最後の t が、読むように変わる**のです！　そして、「プティアンファン」ではなく、「プティ**タン**ファン」という読みになるわけですね。これがリエゾンです。直後の母音と結びつくことによって、結果的に、**音が増える**わけです。

　でもこれって、そもそもなんのためのルールなんでしょう？　思い出して欲しいのは、英語でも、a apple は an apple になることです。また日本語でも、「春雨」は「はるあめ」ではなく、途中に s を入れて「はるさめ harusame」と読みますね？　これはなにをしてるんでしょう？　これは、2つの母音が衝突するのを避けているんです。一見ゼンゼン似てない日本語まで、同じようなシステムを導入しているとは！　おもしろいですね。

　そしてこのリエゾン、まあ考え方は分かるんですが、実際どの場面でリエゾンさせればいいのかは、ちょっとつかみづらいところがあります。（まあ、「必ずすべき箇所」のルールはあるんですけど、それはまた今度！）ただ覚えておいていただきたいのは、リエゾンは「意味のまとまり」

の内部でしか起きない、ということです。たとえばin front of the station（駅前で）とか、in the morning（朝のうちに）とかいうのが、「意味のまとまり」の実際の姿です。

　それから、日常のカジュアルな会話では、リエゾンが少なくなる傾向があるようです。逆にオ大臣サマとか、自分を偉く見せたい人たちは、重々しい響きを得るために、リエゾンを好むような気がすると、俯瞰的、総合的に、わたくしはですね、このようにですね、判断しておるわけであります！

　ではここで、日本でもすごく知られているリエゾンの例をご紹介しましょう；

Champs-Élysées（シャン＋エリゼ）
　　シャンゼリゼ
Saint-Exupéry　（サン＋エグズュペリ）
　サ ンテグズュペリ

　日本では、「サン＝テグジュペリ」と書きますが、厳密には、「テ（［te］）」という音の前半部分（［t］）は、「＝」の前にあるんです。フラ語をかじらなかったら、気づかないことですね〜。

　リエゾンと言えば、「目（複数）」に冠詞を付けて言うときも、こんな風になります；

les yeux（レ＋イウー）
レ ズィウー

les は英語の the に当たる冠詞です。（もちろん後で出て
きます。）その最後の s がリエゾンして、[z] の音になっ
ているわけですね。

　フランス人のパスポートには、瞳の色を書く欄があるん
ですが、この時の「色」の例を少し挙げてみましょうか。
多いとされている順に書きますね；

les yeux marrons　　栗色の目
　レズィゥー　マロン
les yeux bleus　　　青い目
　レズィゥー　ブルー
les yeux noisettes　ヘーゼルナッツ色の目
　レズィゥー　ヌワゼットゥ
les yeux verts　　　緑の目
　レズィゥー　ヴェール

　正確なことは分からないし、そもそもグラデーションが
あるので、いくつかにパシッと分かれるわけでもないで
しょう。ただ印象だけで言えば、フランスでは青い目の人
はわりと見かける気がします。（といっても2割くらい？）
でもたしかに、緑の目の人はあまり多くないように感じま
す。たとえば俳優で考えても、アメリカ人ならエマ・ストー
ン、トム・クルーズ、スカーレット・ヨハンソン、シャー
リーズ・セロン……、と、どんどん出てきますが、いざフ
ランス人となると、なかなか思いつきません。

　わたしが初めて緑の目と見つめ合った（!?）のは、大学

１年生の時、文法を教えてくれたフランス人神父の先生と向き合った時でした。なにかの質問に行ったのですが、ほんと、大げさではなく、そのエメラルド・グリーンの目に吸い込まれるような心地がしたものです。その後フランスで、イヤリングとバッグと傘を、自分の目の色に合わせて緑でコーディネートしている女性を見かけた時には、なにかファッション感覚の根本的な違いさえ感じました。でも後から聞いたところでは、服を選ぶとき瞳の色を意識するのは「当たり前」なんだそうです。はあ、そうなんですね〜。

← 傘

← 瞳

← イヤリング

← バッグ

そしてついでに言っちゃうと、フラ語には「揚げ鱈の目になる」という表現があります。揚げ鱈は、ごく庶民的な食べ物。日本なら鯵フライくらいの位置づけでしょうか。そして揚げた鱈が、いったいどんな目をしてたのかよく思い出せません（！）が、これは、お互い気のある二人が熱っぽく見つめ合ってるのを、ややからかうときの言い方です。まあ、のぼせ「揚がってる」ってことでしょう！　ちなみに「一目惚れ」なら、un coup de foudre と言います。これ、
<ruby>un coup de foudre<rt>アン　ク　　ドゥ　フードゥル</rt></ruby>
直訳すると「雷の一撃」。ナルホドですね〜！

ii）2単語をピッタリ引っ付けるアンシェヌマン

では次。**単語と単語の間で起きるルール**の2つ目です。結論から言いましょう。このルールは、実際には英語でも多用されています。では唐突ですが、英語で「立ちなさい」と言ってみてください。（ただし今電車に乗って読んでいる場合、座っている人に向かって言わないように！）どうですか、みなさん「スタンダップ」って言ってくれたと思います。「スタンド・アップ」じゃなく。そうです、こんな風に**2つの単語をピッタリ引っ付けて♥読む**のを、アンシェヌマンと言います。どうってことないですね？（実際、慣れれば自然にできちゃいます。）

　例を見てみましょう；

avec Alain（アヴェック＋アラン）アランと一緒に
アヴェッカ ラン

　これは英語の with Alain に当たる言い方です。つまり
avec ＝ with ってことです。（ちなみに「アヴェック」には、
日本語のような「カップル」の意味はありません。ていう
か、「アヴェック」っていう日本語自体、今はもう死語で
すけどねえ。）

iii）it is が it's になるエリジオン

　これは単純です。ce, de, je, la, le, me, ne, que, se, te
　　　　　　　　　ス　ドゥ　ジュ　ラ　ル　ム　ヌ　ク　ス　トゥ
の 10 語の後に母音が来た場合、これらは c', d', j', l', l', m',
n', qu', s', t' に変化する、というルールです。（la 以外の 9
語は、みんな語末＝省略される文字が e です。）まあイメー
ジで言えば、it is が it's になるような感じなんですが、フ
ラ語の場合は、できる時は必ずエリジオンする必要があり
ます。英語の場合は、it is でも it's でも両方 OK ですから、
そこが違いますね。

× la orange　　→　l'orange　　（その）オレンジ
　　　　　　　　　　ロランジュ
× je ai　　　　→　j'ai　　　　I have
　　　　　　　　　ジェ

　はい、お疲れさまでした！　よくここまで読んでくださ
いましたね。パチパチパチ！

さて、これで読み方は一応終えて、今度は「文」を読んだり作ったりする方向で進んでいきましょう。で、ここでみなさんのモチヴェ（フラ語なら motivation。英語と同じつづりです！）を再度高めるために確認したいんですが、この先わたしたちがサラサラッと飛び込んでゆく「フランス語の世界」では、何が待っていてくれるんでしょう？　もちろん『星の王子さま』も『最強のふたり』も腕を広げてみなさんを待っています。そしてそれ以外にも、色とりどりのマカロン（macaron）や亜麻色の髪の乙女（La fille aux cheveux de lin）が、香り高いクスクス（couscous）やパリの憂鬱（Le Spleen de Paris）が、ムバッペ（Mbappé）や勝手にしやがれ（À bout de souffle）が、フォー・プノンペンや民衆を導く自由の女神（La Liberté guidant le peuple）が、PNL（人気ヒップホップ・デュオ、YouTube で検索！）やノートル・ダムのバラ窓（rosace）が、そしてハイビスカス（hibiscus）の ジュース（from Africa）や パリ・コレ（Semaine de la mode de Paris）が、首を長くして待っていてくれます！　それら（彼ら）との出会いの準備、進めるしかないですね！

第1章をふり返りましょう

ここまで挙げた単語からピック・アップしてあります。読んでみてください！

1）chocolat　　2）question　　3）culture

4）gourmet　　5）style　　6）garçon

7）petit prince（小さな王子）　　8）Intouchables

9）leçon　　10）Eiffel　　11）petit enfant

解答

1）ショコラ　2）ケスチオン　3）キュルテュール

4）グルメ　　5）スティル　6）ギャルソン

7）プティ プランス　　8）アントゥーシャーブル

9）ルソン　　10）エッフェル　11）プティタンファン

　合格は11問中……、8問！（よっしゃ！）というわけで、今後読んでいただく中でも、100％理解してから先に行こう、なんて思う必要はないんです。そうですねぇ、**70％**分かっていただければ、**どんどん先に行っちゃって**ください。そして後で、ちょこっとふり返れば、あの時ちょっと……だなぁと感じた項目が、ア〜ラ不思議、こんなことだったのね〜、と思えてきます。これ、ほんとです！

フラ語が通じるのはどこ？〜モントリオール・2

　モントリオールへは、わたしも一度だけ行ったことがあります。そしてその時一緒に行動してくれたワカモノが、この街で生まれ育ったパコです。彼は、フラ語はもちろん、スペイン語も英語も話せます。というのも、彼の両親はグアテマラからの移民で、スペイン語が母語だったからです。（そして英語は学校で。）グアテマラではミュージシャンだった父上は、モントリオールでは皿洗いから始めて、移民のためのフラ語教室にも通い、その後妻を呼び寄せ、やがて、二人の子どもを授かったのだそうです。その二人も、今は大学生。やっとここまで来たんだよ、やっとね！

　ところでパコは、明らかに2通りのフラ語を使い分けていました。「ケベックのフラ語」と「フランスのフラ語」です。両者の間には、発音や語彙に大きな違いがあります。

　モントリオールを舞台にした『アウトブレイク―感染拡大―』（2020）というドラマがあります。1匹のフェレットから広まった新型コロナウイルスの恐怖を描いたこのドラマは、なんと、リアルなコロナ禍が始まる直前に配信が始まったため、現実を予言していると大きな話題になりました。そしてここで登場人物たちが使っているのが、まさに「ケベックのフラ語」なんです。女性たちが活躍する物語自体のおもしろさはもちろん、「ケベックのフラ語」が堪能できるこのドラマ、なかなかオススメです。

第2章
紳士淑女の手ほどき
〜名詞・冠詞・人称代名詞

　さて、読み方は一通り分かった（まあ、今後復習していただくとしても！）ということで、ここからは、フラ語の「文」を読んだり作ったりするためのアレコレを、順にご紹介していきましょう。

　フラ語の文は英語に似てる、って以前言いましたね？その時の例文を、もう一度挙げてみます；

I am Naomi.	I love Paul.	You go to Paris.
Je suis Naomi.	J'aime Paul.	Tu vas à Paris.
ジュ スュイ ナ オ ミ	ジェム　　ポール	テュ ヴァ ア パ リ

　これら3つの文については、**語の並び方は完全に同じ、**でした。

　そう言えば英語には、5文型というのがありましたが、いや大丈夫、ここではその話はしません。ほんのちょっとだけです。（するんじゃん！）

　実はフラ語には、6文型あります。で、その内の5文型は、

56

英語とかぶってるんです。そりゃ、英語とフラ語の文の形が似てるわけですね。

　でも、そもそもなぜ、語学は「文型」が好きなんでしょう？　それははっきりとした理由があります。フラ語が6文型だということは、**フラ語のすべての文は、たった6パターン**のどれかに振り分けることができる、というのと同じことなんです。無数にも見えるフラ語の文ですが、なんのことはない、ほんの6パターンしかないのです。（ユニクロのTシャツのほうが、ず〜っと種類が多いです！）だったら、この6パターンを理解した方が近道じゃん、ということなんですね。ちょっと、当たり前すぎたでしょうか⁉

　もちろん、5だろうが6だろうが「文型」が人気ないのはよ〜く知っています。ただ、本書を手に取ってくださるみなさんのことです、きっと、「その英語にはない1文型ってどんなんやねん？」と思ってらっしゃることでしょう。正直言って、その説明は、この本の目標を超えているんですが、一言だけ言うならそれは、「SVOなんだけど、Oが間接目的語のやつ」です！（はい、流して流して。**ここはスルー**でかまいません！）

　すみません、話を戻しましょう。まず押さえていただきたいのは、ほとんどのフラ語の文は、英語と形が似てる、ということです。そしてその点を踏まえて、ここから「フ

ラ語」の世界に分け入っていきましょう。つまり、名詞だ
の冠詞だの、動詞だの目的語だの、過去形だの、です。そ
うです、見慣れた「型」の中に、新鮮な「内容」をサラサ
ラッと流し込む感じでしょうか？　なんか、いい気分です！
ではまずは、やっぱり名詞からですね？　始めましょう！

自由，平等，友愛……
～男性名詞と女性名詞

　ではいきなりですが、名詞に関するポイントを挙げてお
きますね。もちろん、これから順にご紹介します。今は、
とりあえず雰囲気だけ、つかんじゃってください。

◆ 名詞って……

- ・男性名詞と女性名詞に分かれる
- ・その分類に理由はない（！）
- ・ただし、－e で終わっていれば、たいてい女性名詞
- ・男女混成の名詞は、男性形・女性形に分かれる
- ・複数形は s を付けるだけ
- ・ただし、この s は読まない！

　では始めましょう。
　今はもう、そういえば「性」が２つなんて時代があった
よね～、という感じですが、フラ語の名詞は（未だに？）

2つの性に分かれています。そうです、「男性名詞」と「女性名詞」に分かれるんです。

　男性名詞に入るのは、「父」「少年」「雄猫」「パン」「権利」「レストラン」「ワイン」などです。

　女性名詞のほうには、「母」「少女」「雌猫」「サラダ」「自由」「学校」「ビール」などが入ります。

「父」とか「母」とか、自然の性を持っているものは、まあそっちに入るよねと思いますが、「パン」だの「サラダ」だのは、なぜそっち？　って感じですよね。これ、申し上げにくいんですが、理由はありません！　つまりその単語の「意味」がわかっても、そこから男性名詞か女性名詞かを類推することはできないんです。しかも！　それぞれの名詞がどちらのグループに入るのかは、覚えなきゃならないんです（泣）。でも大丈夫、覚える秘訣があります。これはまた、あ・と・で♥

　今は昔、フラ語のモトとなったラテン語では、性は3つ（男性／女性／中性）に分かれていました。でもやがて、この内「無生物」が入っていた中性名詞が、いつの間にか（って何!?）、男性と女性に振り分けられていき、フラ語では、2種類に落ち着いているのです。

　ただ重要なことは、この「男性名詞」「女性名詞」というのは、あくまで**文法上の性別**だということです。なにも「ビール」が「女性」的だというわけじゃないんです。そ

うじゃなくて、フラ語の文法（＝要は「ルール」のことです）の上では、「ビール」は「女性名詞」というグループに入れとこう、特に理由はないけどね！　ということなんです。なぜバッターは、打ったら一塁に走るのか、なぜキーパー以外は手を使っちゃいけないのか……、理由はありません。そういうルールにしたんです。それと同じです。（まあ、だいたい同じ！）

　そして、一塁に出れば盗塁を狙うように、前線では細かく早いパスを（足で！）回すように、最初のルールは必然的に、他の局面にも影響を与えます。そしてそれはフラ語も同じこと。「男性名詞」「女性名詞」があることの影響が、今後さまざまな局面で現れてきます。つまりこの、一見時代遅れにも見える「男性名詞」「女性名詞」というくくり方が、フラ語世界のルールの基本にあるわけです。

　さあ、お待たせしました、「男性名詞」と「女性名詞」、いくつか例を挙げますね；

男性名詞	女性名詞
garçon （少年） ギャルソン	fille （少女） フィーユ
restaurant （レストラン） レストゥラン	école （学校） エコール
vin （ワイン） ヴァン	bière （ビール） ビエール

＊83ページもどうぞ。

fille の読みは「フィール」じゃなくて「フィーユ」です。
これは、− ill ＝［イーユ］というルールがあるからです。
お手数で申し訳ないんですが、このルール、42 ページの「英
語とチガウ読み方の子音字の場合」の項に書き足していた
だいてもいいでしょうか？

　fille だけじゃさびしいので、1 つ例を追加するなら、
papillon もそれに当たります。「パ・ピーュ・オン」が合
体したわけですね。そしてもし誰かが、「おなかの中に蝶
がいる！」と言っていたら、それは、好きな人が近くにい
てドキドキする！　ということです。なかなかうまいこと
言いますよね！

　さて、ここで耳寄りな情報を 1 つ。さっき、名詞が男性
と女性、どっちのグループに入るのかは、その単語の「意
味」からは類推できない、と言いました。でも実は、類推
する方法が少しはあるんです。たとえば、「**単語の最後が
e で終わってる名詞は、たいてい女性名詞**」です。（ただ
あくまで「たいてい」であって、100％ではありません。）
さらに、単語の最後が − té で終わっている名詞も、その
ほとんどが女性名詞です。たとえば；

liberté（自由）　　　égalité（平等）　　　fraternité（友愛）
リベルテ　　　　　　　エガリテ　　　　　　　フラテルニテ

フランス革命の精神、ですね？　もちろん３つとも女性名詞です。ぜひ、３つ続けて言ってみてください。なんなら、覚えていただいてもいいです。止めません！

　ちなみに、革命時には「人権宣言」もありました。ただ、その時 droits de l'homme（人権）を持つとされたのは、白人男性だけだったんですけどね。

　ところで「自由」と「平等」の大切さは議論の余地がないとしても、「友愛」はどうなんでしょう？　たしかにこれは、どこかヤワな感じもしますが、たとえ自由で平等であったとしても、そこに友愛がなければ、わたしたちは、ギスギスしてストレスフルな競争社会を生きることになりかねません。「友愛」を先頭に、これらの女性名詞たちには、今後もがんばって欲しいものです！　そして考えてみたら、verité「真実」も humanité「人間性；人情」も女性名詞なんですねえ……。

ほんとはおしゃれじゃないパリジェンヌ
〜男性形と女性形を持つ名詞

　じゃあここで、「友だち」や「学生」や「パリ人」や「日本人」や「俳優」などについても触れておきましょう。これらの語の共通点は何でしょうか？　そう、**男性と女性、両方いる**、ということですね。こういう場合は、「**男性形**」と「**女性形**」、２つの形を持つことになります。が、基本、〈男

性形＋e〉が女性形ですから、なんてことはありません。例を挙げますね；

ami／amie　　étudiant／étudiante
アミ　　アミ　　エテュディアン　エテュディアントゥ

　左側が男性形（「男友だち」「男子学生」）で、右側が女性形（「女友だち」「女子学生」）です。で、読みについてですが、「友だち」は男女同じで、「学生」にはちがいがあります。つまり、女性形になることで、音が変わる場合も、変わらない場合もあるんですが、それは単に、つづり字の問題です。amie「女友だち」の場合、最後の e は読まない、というルールが働くので、結局音は ami と同じになります。一方、男子学生 étudiant の場合は、最後の子音字（＝t）は読まないので「エテュディアン」。それに対して女子学生 étudiante は、最後の e を読まないと考え、ということはその前まで（＝t まで）は読むので、エテュディアン**トゥ**となり、これは男子学生（エテュディアン）の場合とは違う音になります。つづり字による、っていうのは、こんな感じです。

　そうそう、みなさん「パリジェンヌ」っていう言葉、聞いたことがあると思います。これは、「パリ人」という名詞 parisien／parisienne の女性形です。そう言えば、パリ
バリズィアン　バリズィエンヌ
の A.P.C. で働いたこともあるバリバリのパリジェンヌが、

東京に留学してきてこんなことを言っていました。「パリ
ジェンヌっておしゃれだと思われてるけど、夏なんかたい
ていジーパンに T シャツだし、東京の女の子たちの方が
ずっとおしゃれ！」と。そうだったんですねえ。

　ではこの「名詞」の項の最後に、複数形の作り方を見て
おきましょう。これは単純で、語尾に－ s を付けるだけで
す。お馴染みの方法ですね。ただし！　英語と大きくチガ
ウのは、**この複数の s は発音しない**という点です。garçon
（ギャルソン）
と garçons、fille と filles、ami と amis、みんな同じ音です！
（ギャルソン）（フィーユ）（フィーユ）（アミ）（アミ）
　OK、それはわかった、と。でも、文字で書いてある時
（オケ）
はいいけど、しゃべってる時は？　「アミ」を招待したん
だ、って言っても、その「アミ」が一人の ami なのか複
（アミ）
数の amis なのか分かんなくない？　これじゃあ、vin（ワ
（アミ）　　　　　　　　　　　　　　　　　　　（ヴァン）
イン）だの camembert（カマンベール）だの jambon（ハム）
　　　　　（カマンベール）　　　　　　（ジャンボン）
だの salade（サラダ）だの cornichon（ピクルス）だの
（サラッドゥ）　　　　　（コルニッション）
pain（パン）だの dessert（デザート）の tarte（タルト）
（パン）　　　　（デセール）　　　　　　（タルトゥ）
だの、いったいどれくらい買い物してくればいいのかワカ
ンナイ！
　いや、おっしゃる通り！　なんですが、さあ、ここでサッ
ソウと登場するのが冠詞です。冠詞を見れば、その名詞が
単数なのか複数なのか分かり、そうなればお買い物だって
スンナリ進むし、食品ロスの心配だってありません！　と

なるとこれは、どうしても冠詞を使いこなしたいところですね。

　というわけで、次項では冠詞の登場です！

「明晰でないものは、フランス語ではない」
〜３種類の冠詞

　フランス革命の時代のことです。アントワーヌ・リヴァロール（Antoine Rivarol）という作家がいました。フランス大好き人間だった彼は、王党派、つまり反革命派で、革命が起きるとベルリンに亡命したりもしました。この作家が残した有名な１行があります。それは、「明晰でないものは、フランス語ではない（Ce qui n'est pas clair n'est pas français.）」です。フランス贔屓の人間の言葉ですから、話半分？　というところですが、ただこれからご紹介する冠詞については、少なくとも英語よりは、キッチリできているのはたしかです。では、どんな風に「キッチリ」なのか、順に見ていきましょう。

　じゃあまずは、いつものコレからです。

◆ 冠詞は３種類

```
 ⅰ) 不定冠詞：un, une, des
             アン  ユヌ  デ
 ⅱ) 定冠詞  ：le, la, les
             ル  ラ  レ
 ⅲ) 部分冠詞：du, de la
             デュ  ドゥ ラ
```

　冠詞というのは、名詞がかぶる「冠」みたいな語で、その名詞がどんな性質を持っているのかを示す働きをしています。たとえば英語のａは、それが付く名詞が「１つ」であること、を示していましたね？

　フラ語には、冠詞が３種類あります。**ⅰ) 不定冠詞　ⅱ) 定冠詞　ⅲ) 部分冠詞**です。では、順に見ていきましょう。

アミって友だちなの？　恋人なの？
～不定冠詞と定冠詞

　まず、ⅰ) とⅱ) を見ていきたいんですが、これについては、基本的な考え方（＝名詞の捉え方）自体は、英語の場合と同じです。不定冠詞は、不特定のリンゴとかを表わし、定冠詞は特定の、たとえば昨日買ったそのリンゴ、とかを表わします。とはいえフラ語と英語では、実際はかなり違いがあります。これは、表で見た方がわかりやすそうです。どうぞ、じっくり見て、フラ語と英語の違いを見つけてみてください。２つの表は同じ内容です。

◆ フラ語冠詞

		単数	複数
不定冠詞	（男）	un livre アン リーヴル	des livres デ リーヴル
	（女）	une fleur ユヌ フルール	des fleurs デ フルール
定冠詞	（男）	le livre ル リーヴル	les livres レ リーヴル
	（女）	la fleur ラ フルール	les fleurs レ フルール

◆ 英語冠詞

	単数	複数
不定冠詞	a book	... books
	a flower	... flowers
定冠詞	the book	the books
	the flower	the flowers

　フラ語の冠詞に注目してください。

　フラ語の名詞は男性名詞と女性名詞があり、それぞれに単数と複数があるんでしたね。ということは、もしそれぞれに別の冠詞を用意するとなると、2×2＝4コあるはずです。そしてさらに不定冠詞と定冠詞があって×2になるので、合計8コ、必要になります。上の表でも、マスは8

コありますね。

　ですが実際はご覧の通り、不定冠詞も定冠詞も、複数については男女同じ形（des と les ね）なので、そこで（－1）×2になり、合計6種類になります。並べて書くなら、不定冠詞は un, une, des、定冠詞は le, la, les です。

　それに対して英語はと言うと……、なんと a と the だけ、合計2コです！　たしかに男性名詞と女性名詞の区別はないので、要は、不定冠詞の単数・複数、定冠詞の単数・複数、合計4コあればいいわけですが、なぜか2コしかありません。こんなアンバランスな感じでいいんでしょうか!?

　英語の冠詞の大きな特徴は、まずなんと言っても、複数の不定冠詞が存在しないこと、そして定冠詞については、単数でも複数でも the が使えることです。その結果、英語の冠詞は2コになってしまっているんですね。フラ語の冠詞と比べることで、この特徴がとてもはっきり見えてきます。フラ語を勉強すると**英語までデキル**ようになっちゃう、とはよく言われることですが、それが事実であること、今、実感していただけたんじゃないでしょうか！

　そして例のお買い物問題も、この冠詞に注目すれば解決なんです。というのも、招待した友だちが un ami か une amie なら一人、des amis なら複数だとわかるからです。

　そうそう、ここで日本人がやらかしがちな間違えを1つ

ご紹介しましょう。この ami（e）という単語は、たしかに「友だち」ってことなんですが、実は場合によっては「恋人」の意味にもなります。それはどんな時かというと、「mon わたしの」とか「ton 君の」とか（所有形容詞。後で登場します！）が付いた場合なんです。そしてどう失敗するかというと……

　たとえばみなさんが（あくまで）「友だち」と二人でスタバでお茶してたとします。そこに知り合いのフランス人が現れたので、みなさんは友だちを紹介するつもりで「これ、わたしの友だち」と言うわけです……。お分かりになりますか？　ここで多くの日本人は、「わたしの友だち」のつもりで mon ami（e）と言ってしまうのですが、それではまるっきり「わたしの恋人」の意味になってしまうのです！　そういうときには不定冠詞を使って、un ami / une amie でいいんですね。

　はい、では「友だち／恋人」問題もクリアしたところで、次は以前予告した、名詞の性別の覚え方の秘訣に触れておきましょう。これ、実はとても単純。要は、**名詞を覚えるときは、冠詞も付けて覚えればいい！**　のです。たとえば表の中のように、le livre、la fleur という形で覚えてしまえば、待てよ、「本」は le が付くんだから男性名詞だな、la が付く「花」は女性名詞だな、と分かるわけです。もち

ろん不定冠詞を付けるんでもかまいません！

　そして……、これは業界が口を閉ざすヒミツ（ウソです）なんですが、今の日本のフランス語教員はみ〜んな、男性名詞と女性名詞を間違えたことがあります。それも何度も！　しゃべりはもちろん書き言葉でも！　いや、これはほんとにオニほどマジで、特に不思議なのがメールです。「送信」をクリックした1秒後に、le と la を間違えていたことに気づくのはどうしたことでしょう？　なぜ、あと2秒早く気づけないのか……。

　でもね、これ、大丈夫なんです。冠詞を間違えたせいで意味が通じなくなることなんて、まあありません。それになんと言っても、わたしたちは外国人です。いざしゃべるとなったら、間違いなんか気にしなくていいんです。かつてマイケル・ジョーダンはこう言っていました。一番多く失敗した人間が、一番遠くまで行く……。沁みますね！

フランス人は月2キロフロマージュを嗜む
〜部分冠詞

　では気を取り直して（!?）、最後は**部分冠詞**です。これは英語にはないタイプの冠詞で、なかなかおもしろいというか、味わい深い冠詞です。で、働きはと言うと、**「数えられない名詞」**について、**「はっきりしないある具体的な量」**を表わす、です。とりあえず例を見てみましょう。

du pain 　　（ある量の）パン
デュ パン

de la salade （ある量の）サラダ
ドゥ ラ サラッドゥ

de l'air 　　（ある量の）空気
ドゥ レール

de l'eau 　　（ある量の）水
ドゥ ロー

　男性名詞 pain に付いてる du、女性名詞 salade に付いて
　　　　　　　　パン　　　　　　　デュ
いる de la（これで 1 語と考えます）が部分冠詞の基本形
　　ドゥ ラ
です。ただしこれらは両方とも、air（男性名詞）や eau（女
　　　　　　　　　　　　　　　　　エール　　　　　　　　　オー
性名詞）のような母音で始まる単語に付く場合は、男女に
関係なく de l' という形になります。（「数えられない名詞」
に付くので、複数形はありません。）

　ところでこの数えられない「水」ですが、もちろん un
　　　　　　　　　　　　　　　　　　　　　　　　　　　　アン
verre d'eau「一杯の水」みたいな形でなら、数えることは
ヴェール ドー
できます。verre が「グラス」ですね。そしてフランスでは、
　　　　　　ヴェール
なんと、この「一杯の水」に溺れてしまうことがあるんで
す！　と言っても表現の上でのことではありますが、フラ
語では、ほんとにちょっとしたことにも対処できない人の
ことを、あいつは一杯の水で溺れちゃう！　なんて言うの
です。しかもこれ、昔は「一杯の水」どころか、「一滴の水」
とか「つば」（！）とか言ってた時代もあったのです。そ
れに比べれば、ずいぶん穏当な表現になったわけですね⁉
　はい、では気を取り直して、部分冠詞が実際の場面でど

んな風に使われるのか、『最強のふたり』を例に見てみましょう。ある夜中、首から下は動かせない障害を持つフィリップは、またもや幻肢痛による発作に襲われます。その時彼は、ベッドの中で、絞り出すようにこう叫ぶのです；

De l'air, de l'air !　　　　空気を、空気を！
ドゥ レール　ドゥ レール

　フィリップが望んでいるのは、量ははっきりしないけどある量の「空気」、だったわけです。彼の寝室に駆けつけた世話係のドリスは、もうこれしかないという感じでフィリップを車椅子に乗せ、夜明け前のパリの街に連れ出します。そして、朝帰りのイケイケの女の子たちとすれ違ったとき、フィリップはこう言うのでした、「Ah, tiens voilà
　　　　　　　　　　　　ア　ティアン ヴワラ
ce qui pourrait me soulager. ああ、この眺めには、慰めら
ス キ　プー レ　ム スーラジェ
れる気がするよ（上級なので解説はパス！）」。それに対してドリスは、その点じゃあオレも負けてないぜ、なんて答えるのです。ドリスは、いつだってフィリップと同じ地平に立って反応する、いいヤツなんです。
　はい、じゃあ今見た例を踏まえて、もう一度部分冠詞の解説に戻りましょう。部分冠詞についての、最初の、そして根本的な問題は、「はっきりしないある具体的な量」って何？　ということです。上の「空気」の例で、感じはつかめたかなと思うんですが、もう少し細かく言うと……

たとえば、みなさんのお部屋に友だちが遊びに来たとしましょう。彼女を招き入れて、狭っ苦しくてごめんね、そっちで手洗って、タオル出しといたから、なんて言った後、あなたはきっと言うのでしょう、「コーヒー飲む？」と。それです。（どれです？）そのコーヒーです。あなたの「コーヒー飲む？」をフラ語にしたら、その「コーヒー」には部分冠詞が付きます。だってあなたがドリップして運んでくる香り高いコーヒーは、「はっきりしないある具体的な量」そのものだからです。それは大さじ1じゃありません。でも1リットルでも1ガロンでもないはずです。おそらく200ccと300ccの間あたり、ですよね？　こういう時、フラ語では部分冠詞を使います。もちろんコーヒーだけじゃなく、チーズやサラダやパンにも使えます。

　そして「数えられない名詞」というのは、コーヒーやチーズみたいな「モノ」を表わす名詞（ちゃんと言うなら「物質名詞」）ばかりじゃありません。たとえば、平和、愛、勇気などの「抽象名詞」にも、部分冠詞は使えます。なに？　これから試験なの？　じゃあ、Du courage！と言ったらそれは、「（ある具体的な量＝試験に対応できる量の）勇気を！」→「（試験）**がんばって！**」ということになります。

　さらには、「テニス」にだって付くことがあります。それはたとえばガエルくんを、「ねえ、昼休みにテニスする？」と誘う場合です。ここでのテニスは、「種目」としてのテ

ニスではなく、du tennis、つまり「ある具体的な量（＝ 30
分なり 1 時間なりのプレー）」としてのテニスですね？　こ
ういう場合も、部分冠詞が使えるわけです。（「テニス、好
き？」という時の「テニス」には、定冠詞が付きます。こ
れは「種目としてのテニス」だからです。）ちなみに、フ
ランス・テニス界の四銃士の一人、Gaël Monfils 選手の勇
姿は、YouTube で堪能できます。彼のアクロバティック
なプレー、ほとんど超人です！

　さらに！　Mozart（モーツァルト）にだって、フランス
の人気作家 Michel Houellebecq にだって、部分冠詞を付
けることができます。この場合は、その作曲家／作家の、
全作品の中の「ある量」みたいな感じです。「今夜コンサー
トでモーツァルト（du Mozart）弾くんだ」とミツコさん
が言った場合、それはたとえばピアノ・ソナタ 14 番であっ
て、モーツァルト全曲（！）のことじゃありません。部分
冠詞の登場と相成っているわけです。

　では最後に、やはり部分冠詞が付くことの多いチーズの
話をさせてください。

　チーズはフランス語では fromage。みなさんはこのフロ
マージュ、月に何キロくらい召し上がっているでしょう？
はあ？　キロって？　と思ったでしょうか。でもフランス人
は食べてるんです、月に約 2 キロ！　これは平均的日本人
の約 10 倍です。さすがフランス。

もちろん日本にだって、チーズやワインのファンはたくさんいます。でもどうでしょう、みなさん、もし「今朝収穫したトウモロコシ」や「今朝水揚げされた鯛」、「工場直送のできたてビール」などと、「いい感じで熟成したチーズ」や「きっちり地下室で温度管理されていたワイン」だったら、どちらにより魅力を感じるでしょうか？　アンケートを取ったら、前者が勝つんじゃないかとわたしはにらんでいます、日本では！　これは、思いっきり図式的で雑な言い方になってしまいますが、熟成に価値を見出すフランスと、新鮮さに目がない日本の差、というものがあるんじゃないでしょうか。そういえば日本では、たとえば俳優の場合でも、いい感じで熟成したヴェテランというのは、フランスほどは評価されてないような気がします。もちろん例外は多々あるでしょう。それでもやはり、熟成 vs. 新鮮、という構図は、否定しきれないかもしれませんね。

　すみません、名詞も冠詞も「大事なんだよな〜」と思いながらご紹介していたら、ついつい長くなってしまいました。でも特に部分冠詞なんて、おもしろいですよね！　フラ語と出会ったおかげで、**こういうモノの見方**があることを知ったみなさんのことです。今後は、日本語を書いていても、ああ、ここはフラ語にすると部分冠詞になるとこだな、なんて思ってしまうはずです。なんだか急に、深みのある思考をする人になった気がします！（いや、気のせい

じゃありません。たしかになってます！)

　というわけで、冠詞 3 種類でした。なかなか「キッチリ」
できてましたよね？

お相手をドキッとさせたいなら vous から tu へ
～人称代名詞

　人称代名詞、なんていうとムズカシゲですが、なんのこ
とはない、**英語の I や you のようなもの**です。ここは表
にしてみましょう；

◆ 人称代名詞

単数		複数	
je ジュ	わたしは	nous ヌー	わたしたちは
tu ／ テュ vous ヴー	きみは／ あなたは	vous ヴー	あなた（きみ） たちは
il イル	彼（それ）は	ils イル	彼ら （それら）は
elle エル	彼女（それ）は	elles エル	彼女ら （それら）は

　まず je ですが、これは英語の I と同じです。ただ 1 つ
違う点があって、それは、文の始まりに来ない限り、**小文
字で je と書く**、ということです。英語の I みたいに、1 文

76

字なので目立たせなくちゃ！ みたいな必要はないんです
ね。それから複数の nous ですが、これは we と同じと思っ
ていただいて OK です。

　次は２段目、tu/vous と vous のところなんですが……。
まず結論：**you は２通り（tu/vous）に分かれます**。読み
は、「テュ」と「ヴー」です。

　まず tu が使える場合。これは、相手が一人で、しかも
親しい相手の場合のみです。家族とか、友だちとか、恋人
とか。（上司と部下、の場合は、その会社の社風によるよ
うです。）

　そして vous を使うのは、それ以外のすべての場合、つ
まり、相手が一人で「ふつう」の関係の場合と、相手が複
数の場合です。

　たとえば、初対面の大人同士なら、基本 vous で話し始
めます。何度か会って、ちょっと仲良くなってきたら、
「tu で呼び合います？」と、よきタイミングでどちらかが
尋ね、相手も Oui. と答えれば、その瞬間から、tu で呼び
合う仲に変わるわけです。（Non. と答えれば、当然 vous
を使い続けることになります。Non. と答えるのは、もう
これ以上お近づきになりたくない場合、ですね。）

　フランス語が使われる恋愛映画なんかを見ていると、
vous から tu に**呼び方が変わる瞬間**というのがあります。
ただ映画の場合、相手に尋ねず、なんだかスッと、さりげ

なく tu に移行しがちなので、聞き耳を立てている必要が
あります。（もちろん、フランス語話者なら 100％気づ
くポイントです。）この変化は字幕には出ませんが、はっ
きりした瞬間がありますから、どうぞ探してみてください。

　tu と vous に関して、ちょっと古い映画の話をしてもい
いでしょうか？　かつて、リュック・ベッソンとジャン・
レノが組んだ『ニキータ』(1990) という映画がありました。
殺人を犯した少女ニキータは、特殊工作員となることを条
件に罪を免除されます。そして厳しい訓練を受け、スナイ
パーとなって仕事を始めるのですが、やがてその「仕事」
に嫌気が差してきます。ニキータは「人間」に戻るため、
すべてを捨てて姿を消してしまいます……。ラストでは、
ニキータを愛したかつての教官と、彼女に去られた恋人が
語り合います。教官は、同じ女性を愛した共感とともに
tu で呼びかけるのですが、カレシのほうは、ニキータを
テュ

苦しめた教官を憎んでいるので、一貫して vous で答え続けるのです。この、なんともギクシャクした会話には、tu と vous の、「相手に対する心理的な距離感」の違いが、とても印象的な形で表現されていました。（字幕は、苦労なさったんだろうと想像しています。）

　ちなみに場合によっては、いったん vous から tu に移ったものの、また vous に戻ることだってありえます。人間関係は、近づいたり遠ざかったり、まるでアコーデオンのようですから。（比喩が……ダサい。）

　おっと、二人称の話が長引いてしまいました！　では三人称にいきましょう。

フラ語はレディーファーストじゃない？
〜三人称

　ここの単数は il ／ elle なので、一見すると、he ／ she のことかな、と思いますよね？　でもそれ、△なんです。実はフラ語の il や elle は、それぞれ**「男性名詞」**、**「女性名詞」を受ける**のであって、「人間の男性」や「人間の女性」だけを受けるわけではありません。つまり、たとえば il なら、Vincent や Lucas や Mohamed や livre「本」や restaurant や cinéma「映画」、みんな受けることができます。elle なら同じように、Nathalie や Emma や Leïla や chanson「歌」や lettre「手紙」や pomme「リンゴ」、みんな受けること

ができます。英語との比較で言うなら、il は he と it、elle は she と it に当たる、ということになるでしょう。そして ils ／ elles は、その複数です。

　英語の場合、三人称の複数形って……、they だけでしたよね。単数は he、she、it と 3 つに分かれてるのに！ どうして英語は、he、she、it、それぞれの複数形を作らなかったんでしょうねえ……？

　さて、では 1 つ問題です。たとえば『最強のふたり』の中の、Philippe の誕生日パーティーの場面を考えてみましょう。踊っているのが Driss と Yvonne（女性）と Marcelle（女性）だとして、この 3 人を「彼ら」と言いたい場合、つまり男性名詞と女性名詞が混在している場合、ils と elles、どちらを使えばいいんでしょうか？ ……実はこれ、**男性名詞が 1 つでも含まれていれば ils で受ける**、ということになっています。たとえ、999 コの女性名詞と、1 コの男性名詞の組み合わせでも、です。

　この答えには、もちろん、おやおやおや？ と思いますよね。自由と平等の国らしからぬ、出たな妖怪、男性中心主義！ という感じです。実際わたしは、若いドイツ語の先生と代名詞の話をしていて、「まさかフランス語は、男性名詞が 1 つでも入っていれば ils だなんてこと、ないですよね⁉」と、図星の指摘をされたことがあり、「そのまさかです」と答えるしかありませんでした……。

ただ最初に言ったとおり、フラ語の男性とか女性とかいうのは、あくまで「文法（ルール）上」のことです。これを、どこまで「現実的」に捉えるかは、考えの分かれるところですが、そうは言っても、言葉はやはり人間の認識の反映ですから、ゼンゼン関係ないとまでは言い切れない気がします。（個人の感想です！）

第2章をふり返りましょう

冠詞を付けて言ってみましょう。

不定冠詞：1）garçon　2）fille　3）étudiant　4）étudidante
定冠詞　：5）restaurant　6）fleur　7）école
部分冠詞：8）vin　9）courage　10）air　11）bière

解答

1）un garçon アン ギャルソン　2）une fille ユヌ フィーユ
3）un étudiant アン**ネ**テュディアン（リエゾン）
4）une étudidante ユ**ネ**テュディアントゥ（アンシェヌマン）
5）le restaurant ル レストラン　6）la fleur ラ フルール
7）l'école レコール（エリジオン）
8）du vin デュ ヴァン　9）du courage デュ クラージュ
10）de l'air ドゥ レール　11）de la bière ドゥ ラ ビエール

　日本語では、たとえば「パリジェン**ヌ**」とか「セー**ヌ**（河）」とか言いますが、これフラ語では parisienne と Seine なので、発音記号に引きつけて書くなら、「パリズィエン」と「セン」になります。ただ、フラ語の子音は、かる～く母音が付く感じの音なので、[n] は日本では「ヌ」に聞こえがちです。結論、カタカナはどっちでもいい！

◆例を追加します！

男性名詞		女性名詞	
père ペール	父	mère メール	母
frère フレール	兄弟	sœur スール	姉妹
cinéma スィネマ	映画（館）	chanson シャンソン	歌
café カフェ	珈琲、カフェ	soupe スープ	スープ
pantalon パンタロン	ズボン	mode モードゥ	ファッション
poisson プワソン	魚	viande ヴィアンドゥ	肉
pain パン	パン	salade サラッドゥ	サラダ
vélo ヴェロ	自転車	voiture ヴワテュール	クルマ
drone ドゥロヌ	ドローン	guerre ゲール	戦争
monde モンドゥ	世界	paix ペ	平和
château シャトー	城、宮殿	université ユニヴェルスィテ	大学
bureau ビュロー	オフィス	maison メゾン	家
rêve レーヴ	夢	passion パッスィオン	情熱
amour アムール	愛	vie ヴィ	生命、生活

フラ語が通じるのはどこ？〜ハイチ etc.

　今回は、カリブ海に移りましょう。

　まずは、ワイクリフ・ジョンを生んだハイチ。彼が率いたフージーズの「やさしく歌って」のカバー、1年に1度は聞きたくなります。またハイチ系の人気作家 Dany Laferrière（ダニー ラフェリエール）は、今はモントリオールで暮らしています。フラ語で書かれた彼の作品は、傑作『帰還の謎』を始め何作も翻訳されていますが、中でも『エロシマ』は、日本人女性と黒人男性の恋愛を描いた意欲作です。（そうそう、フランスで大ヒットした小説『三つ編み』には、モントリオールで働くシングル・マザーも登場します。3人の女性を巡るこの美しい物語、学生たちにも大人気です。）

　またカリブ海では、マルチニックやグアドループなどもフランス語圏です。コメディー映画『目元が似てる君へ』（←おもしろいです！）で監督・主演をこなした Lucien Jean-Baptiste（リュシアン ジャン バティスト）はマルチニック系です。彼の映画には、生まれ育ったパリ郊外の街クレテイユがよく登場します。

　カリブ海からさらに南下すると、南米大陸の北部には、フランス領ギアナがあります。もちろんフランス語圏です。2013年、フランスで「同性婚」を法制化した女性司法大臣 Christiane Taubira（クリスティアーヌ トビラ）は、ギアナの出身。この法案は、彼女に敬意を表して、「トビラ法」とも呼ばれています。（で、日本ではいったいいつ認められる？）

第3章
本当にフランス人は服を10着しか持たないのか
～重要動詞

　さて、ついに動詞までたどり着きました！　となるとこ
こからは、「文」が作れるわけですね。この本を手に取っ
たときから考えると、素晴らしい進歩です。パチパチパチ！
　動詞についてどこから手を付けるかというと、それはや
はり、フラ語動詞の全体像からです。傑出した民俗学者だっ
た宮本常一は、知らない土地に来たなら、まずは高いとこ
ろに上って、その土地全体を把握するのが大事だと語って
いました。これはフラ語ワールドについても当てはまりま
す。全体像を見てから、個別の動詞に当たっていくことに
しましょう。（パリに行ったら、まずはモンマルトルの丘
か凱旋門に上って、パリの全体を把握するのがいいかも。
エッフェル塔でもいいんですが、難点は、そこからエッフェ
ル塔が見えないこと！）
　ではその全体像を見る上で、何を切り口にするかという
と、それは「活用」です。

フランス人は 10 着の服と
3 種類の動詞しか持たない
〜動詞の活用パターン

　フラ語の動詞は、活用します。つまり動詞は、主語が変わると、それに合わせて形が変化するわけです。英語は？もちろんするんですが、実質同じ形の場合が多いので、be 動詞を除けば、あまり活用している気がしませんよね。たとえば go でも、現在形なら、I go, you go, he は goes ですが、複数はみんな go です。三単現以外、活用を覚える、という感覚はありませんでした。

　でも、フラ語は違います。je、tu、il ... と主語が変わると、動詞の形も変わります。つまり、「活用する」わけです。全体像を見るときも、これを基準に考えるのが効果的です。

　結論はこうです；活用を基準に考えると、

フラ語の動詞は 3 グループに分かれる！

　みなさんの中には、フラ語の動詞ってメチャメチャ活用するから、あそこがザセツ・ポイントなんだよなあ、という嘆きを耳にしたことがある方も、いらっしゃるかもしれません。でもたった 3 グループです。なんだか聞いていた話とちがうようです。恐るるに足りません！

　じゃあその 3 グループ、もう少し具体的に言いましょう。

こうなります；

◆ 「活用」から見た、動詞の３グループ

> ⅰ）完全な不規則活用グループ
> 　　〜といってもたった４動詞だけ
> ⅱ）− er（ウーエール）動詞グループ
> 　　〜全体の90％！　しかも同じパターンの活用！
> ⅲ）その他〜活用語尾はみんな共通、でも語幹が変化

　ⅰ）の中には、英語で言う be 動詞や have が入っているので、数は４つぽっちですが、やはり**最重要動詞**と言っても過言じゃないでしょう。（ちょっと先走りますが、たとえば英語の have は、「持つ」という動詞であると同時に、現在完了なんかの時は、助動詞としても使われますよね。このⅰ）のグループには、それと同じように使われる動詞が、２つ混じっています。だから重要というわけです。）

　そしてⅱ）ですが、なんと！　ここには90％もの動詞が入るので、これは文句なしに大切です。このⅱ）に含まれる動詞は、**活用のパターンはみんな同じ**（ラッキー！）で、まあ五段活用とか下二段活用とかいうイメージです。たとえば「踊る」という動詞の活用を覚えたら、「歌う」も「ナンパする」も部屋に「入る」も「ネトフリを見る」も「インスタをする」もパジャマを「着る」もおやすみの DM

を「送る」もぜ〜んぶ活用させられるんです。これでもう、ぐっすり眠れそうです！（Zzz...）

　そしてⅲ）ですが、もちろんここにも、わりとよく使う動詞（英語でいう take とか see とか）が入っています。でもまあ、ⅰ）やⅱ）に比べたら、エヴェレストを前にした高尾山くらいです（誇張あり）。ですので、このⅲ）については、この本ではあえて（！）スルーしますので、もし興味が膨らんだら、どうぞ参考書等で探してみてください。先に楽しみがあると、少し生きやすいですしね！（ま、まあねえ……）

　というわけでここでは、まずⅰ）の不規則動詞から始めましょう。そしてその後、箸休め（形容詞のご紹介とかね）を挟んで、またⅱ）に戻ってくる予定です。そんな感じで進みますので、よろしくお願いします！（あれ？　それはいいんですけど、服が 10 着なのかって話は？　大丈夫、スルーはしません。少々お待ちを！）

フランス語の最重要動詞は気分屋？
〜完全に不規則な 4 つの動詞

　ではさっそく、不規則動詞です。4 つだけですから、とりあえず原形を列挙しますね；

◆ 不規則動詞の原形

être エートゥル	be	〜である
avoir アヴワール	have	持つ
aller ア レ	go	行く
faire フェール	do ／ make	する／作る

　たしかにどれも、よ〜く使う動詞です。そう、活用って、**よく使う動詞ほど不規則**になる傾向があるんです。英語では、be がそうですね。じゃあ日本語では？　一番よく使う動詞ってなんでしょう？　これ、数えたわけじゃないんですが、やっぱり「する」なんじゃないでしょうか。「テニスする」「雑談する」「飲み会する」「オールする」「(翌日は) 昼寝する」……わたしたちって、「し」てばかりです！じゃあみなさん、ここで問題です。この「する」の活用、3秒以内で言ってみてください。レディ？　ゴー！

　……大丈夫です、言えなかったのはあなただけじゃありません！　言いたかったのは、そう、よく使う動詞ほど不規則になる、ということです。しかも être だって avoir
　　　　　　　　　　　　　エートゥル　　　　　アヴワール
だって、「サ行変格活用 (ビシッ！)」に比べれば、どうってことはありません。

　ただそうは言っても、もしここで4動詞の活用表を一挙掲載！　したら、けっこうな負担です。小説を読み始めた

途端、4人の男女が勝手にしゃべり始めて、はあ？　誰？　なんの話？　ってなるのと同じ感じ。それはもったいないので、ここでは、最重要動詞界のエース、être と avoir に注目することにしましょう。その後英語の go に当たる aller を使った表現もご紹介します。faire は、もう少し後で、
アレ
「天候・時刻」の表現の時に登場してもらいましょう。
フェール

　では、さっそく être からです！

I am なら je suis
～ être は英語の be 動詞

　ではとりあえず、être の活用、表にしてみますね。英語の be 動詞にあたります；

◆ être の活用

	単数	複数
一人称	je suis ジュ スュイ	nous sommes ヌ　　ソ　ム
二人称	tu es テュ エ	vous êtes ヴ　ゼットゥ
三人称	il est イレ elle est エ レ	ils sont イル ソン elles sont エル ソン

たしかにすごく不規則です。（be 動詞と同じくらい。）
　では、まずはなにも考えず、活用表を**声に出して** 5 回、

読んでみてください。これはマジです。どうぞ！

　いいですね？　読むときの注意点なんですが、まずこのルールをお伝えする必要があります。これです；

　　動詞の活用語尾の場合、－ e, － es, － ent は読まない！

　これって、あくまで「動詞の活用語尾」限定のルールです。一般的なものじゃないので、その点ご注意ください。

　しかし、このルール、とっても重要です。

　もちろん、「語尾の－ e」はそもそも（ふだんでも）読まないんですが、念のためにここにも入れておきました。そしてこのルールは、être に限らず、**すべての動詞に当てはまります**ので、そこんとこヨロシク！　です。

　はい、ではそれを踏まえて、être の活用形の読みを確認しておきましょう。

　まず je suis ですが、これはルール通りの読み方です。
注意点は、u の字の発音は［ユ］であって［ウ］じゃないこと。（→ p.35）つまり「ジュスュイ」であって、「ジュスイ」じゃありません。（細かいことを言うなら、ここの［ユ］は、直後に別の母音［イ］が来ているので、それとセットにしてちょっと短めに言います。［ュイ］という感じです。）

　次の tu es は問題ないですね（この es は活用形そのものであって、「活用語尾」じゃないので、91 ページのルー

ルには当てはまらないと考えましょう）。

　そして il est と elle est ですが、これはそれぞれアンシェヌマン（＝ stand up みたいに引っ付く）なので、「イル／エ」「エル／エ」ではなく、「イ　レ」「エ　レ」となります。そうそう、**est は後ろの２文字を読まないので「エ」**。これは特殊です。

　また nous sommes の sommes は「ソム」と読みます。これは理由が３つ。ⅰ）語尾の－ es は読まない。だってほら、91 ページに書いたルール、当てはまっていますよね？　ⅱ）真ん中の om。これって鼻母音（「オン」）で読むはずのつづりなんですが、ここでのように、m がダブってる（so**mm**es）場合は、鼻母音にならないんです。（気づいちゃう人もいるかと思って書いちゃいましたけど、これってすご～く細かいルールです。今日のところはスルーで OK！）　ⅲ）そしてこの mm みたいに、同じ文字が２つ続く場合は、１つのつもりで読んでいいんです。つまり１文字の m のつもりで、ってことです。で……、トータルで「ソム」です！（たった１語の読みの説明なのに 11 行もかかっちゃいました！）

　あとはやっぱり vous êtes ですね。まず、êtes の語尾の－ es は読みません。（さっきのルールに当てはまっていますね。）で、「エットゥ」なんですが、ここで vous との間でリエゾンが起きるので、「（ヴ エットゥ じゃなく）ヴゼッ

トゥ」となるわけです。

　なんだか、まだ動詞の1つ目なのに、こんなにフクザツってどういうことでしょうか？　繰り返しますがそれは、**よく使う動詞ほど不規則**になるからなんです。なんなら、このêtreと次のavoirが一番メンドクサイ動詞だ、と言っても過言じゃないです。つまり逆に言うと、**今後ドンドン楽になります！**　どうか、ここだけちょっと乗り切りましょう。be動詞と変わらないし、「サ変」よりはマシです！（←しつこい）

「大きな病人」の意味は「ほんとどうかしてる！」〜文の作り方

　さて、では読み方も分かったところで、ついに「文」ですね。「文」は、大文字で始めてピリオドで終わります。（やっぱりね！）まずはベタな例から；

Je suis Japonais. ／ Japonaise.
ジュ スュイ ジャポネ　　　 ジャポネーズ
わたしは日本人（男性）／（女性）です。

　「日本人」の中には男性も女性もいるので、「男性形」と「女性形」があります。ちなみに「フランス人」も「アメリカ人」も、同じように、Français ／ Française、Américain ／
　　　　　　　　　　　　　　　　　　　 フランセ　　　 フランセーズ　 アメリカン
Américaine と分かれます。
アメリケンヌ

では単純ですが、質問と答えの形式にしてみましょう；

「あなたはフランス人ですか？」
「いいえ、わたしは日本人です」

男性の場合	Vous êtes Français ? ヴ ゼットゥ フランセ Non, je suis Japonais. ノン ジュ スュイ ジャポネ
女性の場合	Vous êtes Française ? ヴ ゼットゥ フランセーズ Non, je suis Japonaise. ノン ジュ スュイ ジャポネーズ

　まあ、わたしに限っては、「フランス人ですか？」と訊かれたことはないですけど！
　じゃあ次は、『星の王子さま』から。小さな王子が旅立つことを知った「花」は、それまでのわがままな態度から一変、王子に Je t'aime.「愛してる」（もうすぐやります！）
ジュ テーム
と告げ、今まで夜には必要だと言い張っていたガラスのカバーも、もういらないと言います。わたしはそんなに弱くない、夜の新鮮な空気は気持ちいいだろうし。だって……

Je **suis** une fleur.　わたしは花なの。
ジュ スュイ ユヌ フルール

　そして王子は旅に出て、ある星では、Bonjour. と声をかけられます。王子は振り返りますが、誰もいません。

Je **suis** là... sous le pommier.
ジュ スュイ ラ　　スール ポ ミ エ
ぼくはここにいるよ… リンゴの木の下に。

...Je **suis** un renard.
ジュ スュイ アン ルナール
…ぼくはキツネさ。

　最初の文Je suis là... sous le pommier. は、英語にすると、
I am here... under the apple tree. です。là は here「ここに」
にあたる副詞。sous は under に当たる前置詞で、pommier
　　　　　　　　　　スー　　　　　　　　　　　　　　　　　　　ポ ミ エ
は「リンゴの木」です。

　2文目は、renard が「キツネ」。もしあなたが元気な雄
　　　　　　ルナール
ギツネだというなら、このまま使えます！（雌ギツネなら
女性形にして une renarde ね。）
　　　　　　　 ユヌ ルナルドゥ
　そうそう、こんな『星の王子さま』らしい一文にも、こ
の動詞 être が使われています；

Les grandes personnes **sont** comme ça.
レ グランドゥ ペルソンヌ　 ソン　 コ ム　サ
大人ってそういうもんだよね。

　まず grandes personnes は「（大きな人たち）大人たち」
　　　　　　　ペルソンヌ
です。(grandes は形容詞。あとでちゃんとご紹介しますね。)
それから comme ça ですが、これは英語の like this にあた
　　　　　　コ ム サ
り、「こんな風（に）、こんな感じ（で）」です。たとえば、

憧れの Tsonga にボレーの仕方を教えてもらったあなたは、
試しに一度打ってみます。そして、彼を振り返って訊くわ
けです、Comme ça？こんな感じ？　と。

　そういえば『最強のふたり』の中でも、この表現が、
être と一緒に使われていました。ドリスから一緒にお風呂
に入ろう（！）と誘われたマガリー（大富豪フィリップの
赤毛の秘書）は、いいわね、じゃあ脱ぎなさいよ、と答え
ます。ドリスはその意外な答えに、こうつぶやくのです；

Tu es comme ça...　君ってこんな感じなんだね……
テュ エ コ ム サ

　でもそれはもちろん、マガリーがドリスをからかっただ
けだったんですけどね！
　マガリーと言えば、ドリスにキスを奪われそうになり、
きついビンタをお見舞いする場面もありました。そして彼
女は言うのです；

Tu es un grand malade hein !
テュ エ アン グラン マラッドゥ アン
あなたってほんとにどうかしてる！

　malade とは「病人」のことなんですが、日常語としては、
　　マラッドゥ
「おかしなヤツ、変な人」くらいの意味で使われます。こ
こではそれに grand（大きな）が付いているので、「（大き
　　　　　　　　グラン

96

な病人)ほんとに変な人」くらいの意味になるでしょう。(フランスの人気ラッパー Grand Corps Malade「大きな病んだ体」、なかなかいい声です。YouTube で！) そして最後の hein は間投詞で、「〜だよ」とか「〜だぜ」みたいな感じです。あってもなくても意味は変わりません。

　というわけで、教科書ではなかなかお目にかからない、でもとってもリアルな例文でした。動詞１つ知っただけで、小説や映画がちょっとでも分かるっていうのは、なかなか楽しい経験ですよね！

　さて、唐突ですが、ちょっといいことを思いつきました。この être を使ったほんとに頻繁に使う表現があるので、ここで少しだけ寄り道して、その表現をご紹介しちゃいましょう。大丈夫、これは簡単です。しかもそのわりにはすぐに使えて、守備範囲だってオズの魔法使い（カージナルスの伝説の遊撃手の方ね）と同じくらい広いんです。う〜ん、やる気になってきましたね！

「これは帽子だね」まったく大人ってやつは……
〜 C'est 〜

　というわけで、ご紹介したいのはこの C'est 〜です。これは英語の This is 〜と That is 〜を合わせたような表現で、

だから当然、守備範囲も広くなるんですね。これはもうこの C'est 〜の形で覚えてもらって OK です。

　ただ、探求者気質のあなたのためにだけ、一応プチ解説しておきますね。c'est は、モトはといえば ce est がエリジオンしたものです。ce は代名詞で、これが this & that に当たり、est は être の活用形で、is に当たっているわけです。そして代名詞の ce ですが、これはちょっとスペシャルな単語です。というのも、男性名詞でも女性名詞でも、そして人間でもモノでも！　受けることができるからです。そのおかげで、広〜い守備範囲を獲得しているのですね。こんな感じです。

◆ 超便利な表現、C'est 〜

> ⅰ）守備範囲広し！
> 　　（this is 〜と that is 〜の両方を兼ねる）
> ⅱ）後には「冠詞＋名詞」、「形容詞」などが続く
> ⅲ）冠詞とのリエゾンに注意
> 　　c'est un 〜／c'est une 〜
> 　　　　セ　タン　　　　セ　テュン

　この C'est 〜の後には、（冠詞＋）名詞でも、形容詞でも、なんなら疑問詞でも置くことができます。これもまた、便利さを UP させています。

　みなさん、「セ・ボン」というカタカナ・フランス語、

聞いたことないでしょうか？　たとえばレストランで、「あいなめのポワレ、sauce vin blanc（白ワインのソース）、asperges sauvages（野生のアスパラガス）添え」が、とってもおいしかったとしましょう。そんなとき、みなさんは言うのです、C'est bon！「これおいしい！」と。bon（＝good）は「よい、おいしい」なので、これは C'est 〜の後に形容詞が来る例です。

　では『最強のふたり』のセリフの中で、この c'est 〜が使われる例を見てみましょう。

　世話係の仕事を始めたドリスが、フィリップを初めて、ベッドから車椅子に移動させる場面。フィリップを抱いてうまく座らせると、ドリスはこんな風に言います；

... c'est bon comme ça ?　…こんな感じでいいんだろ？
　セ　ボン　コム　サ

　さっきと同じ「セ・ボン」です。形容詞 bon は、ここでは「おいしい」ではなく、ふつうに「よい」の意味で使われています。comme ça「こんな感じ（で）」は、さっきも出てきましたね？　そしてこのセリフの直後、ちゃんとベルトをしてもらってなかったフィリップは、椅子から転げ落ちそうに！　なるのです。（この場面、「予告編」でも見られます。どうぞ YouTube で、この ...c'est bon comme ça ? が聞き取れるかどうか、挑戦してみてください！）

そしてもう1箇所。今度は、フィリップとドリスがオペラ座で『魔弾の射手』を見ている場面です。フィリップの文通相手で、彼の書く「しょーもない詩」が気に入っているらしい女性 Éléonore について、ドリスはこんなことを言います；
エレオノール

C'est une originale ! **C'est** sûr !
セ テュノリジナル　　セ　スュール
変わった女性だな！　　間違いない！

　1文目は、c'est のあとに（冠詞＋）名詞が、2文目は形容詞が来ています。

　内容に入る前に、読みについて1点だけ。さっき98ページの表で触れたところです。

　1文目、読みは「セテュ〜」となっていますよね？　これは、est と une の間でリエゾンが起きて、est の最後の t が発音されるように変化したからです。この c'est 〜の後には、不定冠詞の un や une が来るケースがとても多いです。（英語の場合でも、たとえば this is 〜の後には、不定冠詞の a が来やすいですよね？　それと同じです。）そしてそうした場合、リエゾンが必須なんです。具体的に言うなら；

c'est un 〜　　　　c'est une 〜
セ　タン　　　　　　セ　テュン

となります。ここの例文では、c'est une の後に、母音で始まる originale が来ていて、une とこの originale の間でアンシェヌマン（「スタン**ダ**ップ」ね）も起こっています。でトータルで、「セテュノリジナル」です。こんな風に書くと、1つの文にルールが2つも使われていてもういや！と嘆きたくもなりますが、でもこれって、ちょっと慣れてくると、意識しなくてもできるようになります。ここは心配しなくても大丈夫！

　では内容に入りましょう。
　originale は、みなさんのご想像通り、「オリジナルの、独創的な、風変わりな」という形容詞なんですが、ここでは冠詞を付けて、名詞として使われています。しかも、男性形の original（オリジナル）ではなく、女性形の originale（オリジナル）なので、「風変わりな女性」ということになります。（まあ、詩が好きだからって、original（e）ってことにはならないと思いますけど！）それから2文目の sûr（スュール）ですが、これは形容詞で、英語の sure「確実な、間違いない」に当たります。特にこの C'est sûr !（セ スュール）「**間違いないね！**」は、ほとんど決まり文句です。サンドウィッチマンの富澤さんにも、フランス公演の際にはぜひ、この C'est sûr !（セ スュール）を言って欲しいです。

では今度は、『星の王子さま』からです。

　物語が始まって間もないあたり。まだ子どもだった飛行士が描いた「象を呑んだボア蛇の絵」を、大人たちは誰一人理解できませんでした。そしてその後、少しは聡明そうな大人に会うと、彼はわずかな希望とともにその絵を見せてみるのですが、大人の返事はいつだってこうでした；

C'est un chapeau.　これは帽子だね。
セ　タン　シャポー

　まったく「大人」ってやつは……

　でも小さな王子は違いました。その絵を見せられた彼は、即座にこう答えたのです。──ノン、ぼくが欲しいのはボア蛇に呑まれた象なんかじゃない、だって……

Un boa c'est dangereux...
アン ボア　セ　　ダンジュルー
ボア蛇、それは危険なんだ…

　dangereux は、英語の dangerous「危険な」に当たる形
ダンジュルー
容詞です。（似てますね？）

　そして小さな王子ですが、そもそも彼が欲しいのは、mouton「羊」の絵なのです。「わたし」はなんとか描きま
ムートン
すが、最初はダメ出しされ、次の絵については；

Ce n'est pas un mouton － **c'est** un bélier.
スネパ アン ムートン セタン ベリエ
これは羊じゃない、雄羊だよ。

と言われてしまいます。（角を描いちゃったんですね。）

さあここで、否定形が登場しています。フラ語の否定形は、パターンが１つでとても単純なので、説明は１行で終わります。こうです；

◆ 否定形の作り方（現在形の場合）

> 動詞を ne と pas で挟むだけ
> 　　　ヌ　　　パ

＊ ne は母音の前で n' になります。

＊ c'est ～の否定形は ce n'est pas ～
　　　　　　　　　　　　 スネ　パ

C'est ～の動詞部分と言えば、これは est です。なのでこれを ne と pas で挟むのですが、今回はたまたま est が母音で始まっているので、ne は、例のエリジオンを起こして、ce **n'est pas** という形になっています。読みは「スネパ」です（être に限らず、動詞が母音で始まるときはいつでも、ne は n' になります）。

じゃあ否定の例をもう１つだけ。王子に「このモノなあに？」と聞かれた飛行士は、ちょっと自慢げにこう答えます；

Ce n'est pas une chose...
スネパ　ユヌ　ショーズ
これはモノなんかじゃないよ。

C'est un avion. **C'est** mon avion.
セ　タンナヴィオン　セ　モンナヴィオン
飛行機だよ。ぼくの飛行機さ。

　chose は「モノ」。mon は my（「わたしの」）に当たる所
ショーズ　　　　　　　　　　　　　　　　　　　モン
有形容詞です。(ami（e）「友だち／恋人」のところでも、
出てきてましたね。後でまとめてやりましょう。)

　というわけで、いかがでしょう、C'est 〜と、否定形の
Ce n'est pas 〜、便利な二刀流、もう使えそうな気がして
スネパ
きましたよね？　あとで形容詞が出てきますから、その時
にまた確認することにしましょう！

スマホ持ってる？　ネコ飼ってる？（Oui !）
〜 avoir は英語の have
　では、不規則動詞の2番目、avoir です。これは英語の
アヴワール
have でしたね。まずは今回も表にしてみましょう。

◆ avoir の活用

	単数	複数
一人称	j'ai ジェ	nous avons ヌ ザ ヴォン
二人称	tu as テュア	vous avez ヴ ザ ヴェ
三人称	il a イラ elle a エ ラ	ils ont イルゾン elles ont エ ル ゾン

　これまたかなり不規則です。ただ今回は、つづりそのものに加えて、1つ大事なポイントがあります。それは、動詞の活用形が**みんな母音で始まっている**、という点です。

　え？　それってなにか違いが出るの？

　そう、出るんです。それは、代名詞主語（je とか nous とかね）と動詞の間で、エリジオンやらアンシェヌマンやらリエゾンやらが起きる、ということです！

　なにそれ？　聞いたことがある、ような気がしない、でもない……。そうです、思い起こせば 45 ページ〜で、この3ルールの話をしたんでした。どうぞ、ゆっくり復習してきてください。ここで待ってますから……。

　……はい、お帰りなさい。というわけで、je ai はエリジオンして j'ai、il a ／ elle a はアンシェヌマンで、「イルア
ジェ
／エルア」じゃなく「**イラ／エラ**」。そして複数の側はすべてリエゾンで、「ヌアヴォン」「ヴアヴェ」「イルオン／

エルオン」じゃなく、「ヌザヴォン」「ヴザヴェ」「イル**ゾ**ン／エル**ゾン**」です。これらは「どっちでもいい」のではなく、必ずこうするのがルールです。

　はい、ここまで来たら、すべきことがありますね？　そうです、新しい動詞が出てきたら、声に出して5回読む約束をしましたね？（したか？）どうぞ！

　はい、では読めたところで、さっそく例を挙げましょう。まあ avoir = have ですから、例はほとんど無数にあるわけですが、まずはちょっと教科書的なベタなやつから；

Vous avez des frères ?　− Oui, j'ai deux frères.
ヴ　ザ ヴェ　デ　フレール　　ウイ　ジェ ドゥー フレール
兄弟はいますか？　　　　−はい、二人います。

　これは……、特に説明するところがないですね！　一応英語にするなら、You have any brothers ? − Yes, I have two brothers. です。（疑問文の形は、「正式」のものではなく、くだけた感じ、つまり平叙文（フツーの文）をそのまま使って、語尾だけ上げるタイプです。）

　まあ、この手の例文なら、いくらでもあります；

Tu as un chat ?　− Oui, j'ai un chat. C'est Manon.
チュ ア アン シャ　　ウイ ジェ アン シャ　セ　　マ ノン
ネコ飼ってる？　−うん、1匹飼ってる。マノンね。

J'ai un problème.
ジェ アン プロブレム
問題があるんだ。

Vous avez de la chance !
ヴ ザ ヴェドゥ ラ シャンス
あなたは幸運ですね！（幸運を持っている）
＊ de la は部分冠詞（→ 70 ページ）。「ある量の幸運」という感じです。

　ちなみにフラ語には、J'ai un chat dans la gorge.「喉の
中にネコを持ってる」という表現があります。これは、声
がしゃがれちゃってる、なんか詰まった感じでうまく話せ
ない、みたいなときに使う表現です。リアルに想像すると、
いくら可愛いネコちゃんでも、ちょっと息苦しいでしょ
う！

では次は『最強のふたり』の中からです。実は冒頭に、字幕ではわからない、つまり**フラ語を勉強したあなただけが分かる**、単純ですがおもしろさのにじむ箇所があります。それをご紹介しますね。

　場所はフィリップの豪邸。今、彼の世話係の採用のための、面接試験の真っ最中です。そしてたくさんの本気の志願者の中に、スニーカー履きの、一人だけ浮いているアフリカ系男性がいます。ドリスです。彼は、ハナから採用されようとさえ思っていません。ただ、失業保険の給付に必要な、就活してることの証明となる雇用者側のサインが欲しいだけなのです。

　さて、秘書マガリーは、最初の候補者にこう質問します；

Vous avez des références ?
ヴ　ザヴェ　デ　レフェランス
身元保証書はありますか？（持っていますか？）

　動詞は avoir ですね？　référence という単語は、「準拠、
レフェランス
基準、レファレンス」といった意味なんですが、複数形になると、「身元保証（書）、紹介状」などの意味になります。ここは面接の場面で、後者の意味で使われているわけです。日本語字幕では、「経験は？」となっています。

　そして何人かが順に面接を受けていくのですが、突然、しびれを切らしたドリスが面接の部屋に乱入します。サイ

ンが欲しいだけなので、気に入られる必要などないのです。

　ところがそれでも、一応面接は始まります。マガリーは、ドリスにこう問いかけるのです；

Vous avez des références ?

　そう、さっきと同じ質問ですね。けれどもドリスの答えは……、ああ、あるよ、クール・アンド・ザ・ギャングとか、アース・ウインド・アンド・ファイヤーなんか、いいréférences〔レフェランス〕だよ、ちがうかい？

　なぜドリスは、身元保証ではなく、唐突にブラック・ミュージックのスターたちの名前を持ち出したのでしょうか？　実はドリスはここで、この références という語をわざと取り違えて、「準拠」の意味に取ったのです。で、自分にとってのスタンダードとなるアーティストの名を挙げてみせた、というわけです。

　この部分の字幕はというと、そのあたりを汲んで「推薦は？」となっています。そうなんです、2箇所の字幕はちがっていますが、フランス語はまったく同じ Vous avez des références〔ヴ　ザヴェ　デ　レフェランス〕? で、実はそこにおもしろさがあるわけなんです。フラ語を勉強すると、字幕には表わせないニュアンスが分かるいい例だと思います。ぜひ、確認してみてください！

さて、もう少し例を挙げましょう。

フィリップの直感（？）で採用になったドリス。そして豪華な浴室付きの個室を与えられると、そこにマガリーを呼び出し、一緒にお風呂に入ろうと誘って……、という場面はさっきご紹介しましたが、そこをさらに拡大してみましょう。まず、廊下を通りかかったマガリーに、ドリスが声をかけます。こんな感じです（C'est comme ça.）；
セ コム サ

Eh Magalie ? Tu as　2　minutes là ?
エ　マガリー　　テュ ア　ドゥー ミニュットゥ ラ
ねえマガリー？　ちょっといい？（2分持ってる？）

使われている動詞は avoir なので、直訳するなら、「2分持ってる？」です。（文末の là は強調してるだけです。訳には出てきません。）相手に時間があるかどうかを訊くときは、この動詞 avoir を使って、「時間を持っているか」と訊けばいいわけですね。これは avoir の、よく使われる用法の1つです。

そして2は deux。いわゆる「アン、ドゥー、トゥルワ」
ドゥー
の「ドゥー」です。「分」を表わす minute は複数形になっ
ミニュットゥ
ています。もちろん、ここでは「ジャスト2分」のことを言ってるわけではなく、「ちょっと時間ある？」と訊いているわけです。

誘われたマガリーは渋りますが、見せたいモノがあるか

らと言われ、じゃあ une minute（1分）だけ、という約束
で部屋に入ります。で？　と問うマガリー。それに対して
ドリスの答えは；

...j'ai une baignoire, c'est tout...
　　ジェ　ユヌ　ベニュワール　　セ　　トゥー
浴槽があるんだよ、そういうことさ……

　前半にまた avoir があります。baignoire は女性名詞で「浴
　　　　　　　　　　　　　　　　　　　　　ベニョワール
槽」。直訳なら「ぼくは1つの浴槽を持っている」です。
そして後半の c'est tout は、英語で言えば that's all（「それ
　　　　　　　　　　セ　トゥー
で全部だ」「それだけだ」）という感じです。でもまあ浴槽
ですからね、それだけと言っても、もう一緒に入ろうって
ことしかないですね。（ほんとに !?）
　ただ、マガリーの反応は意外なものでした。彼女はこう
言ったのです；

C'est vachement intéressant.　とってもおもしろい。
セ　　ヴァシュマン　アンテレッサン

　vachement は会話でよく使う副詞で「すごく、とっても」。
　　ヴァシュマン
その後の intéressant は、そう、英語の interesting「おもし
　　　　　アンテレッサン
ろい」です。トータルでは、It's very interesting. ですね。
　そしてこの後、いいじゃない、服脱ぎなさいよ、みたい
な展開になり、ついに前にご紹介したドリスのセリフにた

どり着きます。

Tu es comme ça...　君ってこんな感じなんだね……
テュ エ コム サ

　でもマガリーは、ドリスをからかっていただけでした！
ドリス、残念！
　ちなみに、『最強のふたり』の監督である二人（オリヴィ
エ・ナカシュとエリック・トレダノ。彼らはユダヤ人です）
の作品には、この手の冗談がわりとよく出てきます。これ
は、見ているわたしたちに対して、その登場人物が血の通っ
た性的存在であることを印象づけるのに一役買っているよ
うです。単なる「カタブツ」ではないと。

　というわけで、avoir を見てきました。この動詞、「時間
ある？」と言いたい場合に使えるといいましたが、ほかに
も、自分のメアド／電話番号を知ってるか（＝持ってるか）
と訊くときなんかにも使えます。

Vous avez mon adresse / mon numéro ?
ヴ ザ ヴェ モン ナ ド レ ス　　モン ニュ メ ロ
わたしのアドレス／（電話）番号知ってますか？

　mon は英語の my でしたね。またさらに、おなかがすい
モン
てるときは、J'ai faim.（空腹＝ faim を持つ）、喉が渇いて
ジェ ファン　　　　　　　　ファン

112

いるときは、J'ai soif.（喉の渇き＝soifを持つ）、とも表現できます。avoir＝haveは超基本動詞ですから、その分言えることはとても多いわけです。さすが、不規則（≒よく使う）動詞だけのことはあります！

　蛇足を1つだけ。このJ'ai faim. や J'ai soif. は、英語で言えばI'm hungry. やI'm thirsty. にあたるんですが、ちょっと違いがありますよね？　そうです、フラ語は動詞にavoir（＝have）を使っているのに、英語はbe動詞が使われているわけです。内容は同じだとはいえ、なんというか、発想のチガイがあるようです。フラ語を通して世界や自分を見る場合、「空腹」というのは、自分の外側にあって、なにか「持つ」ことができるようなもの、なのかもしれません。だとすると……、日本語の「おなかすいた」って、どういう発想なんでしょう!?

コマンタレヴー？　も aller
～ aller は英語の go

　さて、不規則動詞も残り2つ、goにあたるaller（アレ）と、do／makeにあたるfaire（フェール）を残すのみとなりました。ここでは、allerを使った挨拶の表現などを見てゆくことにしましょう。

　一応、活用表をあげておきましょうか。もちろん、今すぐ覚えなくていいです。アラ～、こりゃ不規則でんなあ～、

と思っていただければ十分です。ちなみに、il と elle、そして ils と elles は、必ず同じ活用形になるので、今後は、代表で il ／ ils だけ書くことにしますね。（決して男性中心主義じゃありません！）

◆ aller の活用

	単数	複数
一人称	je vais ジュ ヴェ	nous allons ヌ ザ ロン
二人称	tu vas テュ ヴァ	vous allez ヴ ザ レ
三人称	il va イル ヴァ	ils vont イル ヴォン

＊太字の箇所はリエゾンしています。

　一番フツーだとこんな感じ。

Vous allez à Uméda ? 　－ Non, je vais à Nanba avec Anne.
ヴ ザ レ ア　　　　　　　ノン ジュ ヴェ ア　　　　　アヴェッカン
梅田に行くんですか？　－いや、アンと難波に行きます。

　こんな風に、お好み焼きを食べに行くときも使えるわけですね！（串カツでも可。もちろん二度漬けは禁止！）
　ではここから、aller を使った簡単な挨拶表現を見てゆきましょう。まずはこれを見てください。教科書英語として名高い、ちょっと硬めの挨拶です。

114

How are you ?　　　－ I'm fine. Thank you.

　この英語がどれほど現実的であるかはさておき、今はこの〈硬めの挨拶〉を、フラ語に直してみましょう。

Comment allez-vous ?　－ Je vais bien. Merci.
コ　マ　ン　タ　レ　ヴー　　　　　　ジュ ヴェ ビアン メルスィ

　まず comment ですが、これは英語の how と同じと考えて OK です。「どんなふうに」ですね。
　その後の allez-vous は、vous allez が倒置された疑問形です。つまり直訳すると、「あなたはどんなふうに行っているのか」となります。そうです。英語では be 動詞を使っていたのに、フラ語では go に当たる aller を使うわけです。（フラ語の疑問文の作り方、まだやってませんでしたね！でもここは簡単。要は、How are you ? と同じ形です。疑問詞の comment（＝ how）は文の先頭に出して、主語と動詞（vous allez）をひっくり返すだけです。ただ、ひっくり返した動詞（allez）と主語（vous）の間には、「－」を入れます。後でまとめてやります！）
　答えの方はというと、まず je vais は I go ですね。その後の bien は、英語なら well「よく」にあたります。つまりこの Je vais bien. の直訳は、「わたしはよく行っている（I go well.）」で、これで英語の I'm fine. の意味になるわけ

です。

　さっき蛇足で言ったこととも関連しますが、英語とフラ語を比べると、「元気さ」というものの捉え方が違っているように見えます。ちょっとコジツケくさいですが、be動詞を使う英語の場合、元気さは（ある程度一定な）「状態」として捉られていて、フラ語の方は、「動き（運動・活動）の内にある」と捉れているようにも感じるのです。みなさんの元気は、どちらの姿をしてるでしょうか？　こうして、フラ語の本を読み続ける「運動」のほう、かもしれませんね！　まあどちらでも、元気であれば素晴らしいです！

元気です／大丈夫です／わかった ......
～ Ça va.

　さて、aller を使ったちょっと硬い挨拶に続いて、今度は挨拶第２弾、〈ほどよくやわらかい挨拶〉をご紹介しましょう。やっぱり aller を使います；

Comment ça va ?　　－ Ça va bien, merci.
コ　マ　ン　サ ヴァ　　　サ ヴァ ビアン メルスィ
元気ですか？　　　　　－元気です、ありがとう。

　これ、硬くはありませんが、柔らかすぎないレベルの挨拶です。（まあ、「知り合い」レベル？）

　まず問いかけの方です。主語の ça は代名詞で、一応「そ
　　　　　　　　　　　　　　　　サ

116

れ」なんですが、ここではもっとバクゼンとした「状況」
みたいな感じです。そして va は、やっぱり aller の、（三
人称単数の）活用形です。なので直訳は、「状況はどのよ
うに行っているか？」です。そして答えの方は、直訳すれ
ば「状況はよく行っている」となります。これで「元気で
す」のことです。なんか、簡単ですね！

　では最後に、挨拶第3弾、もっとも簡単な〈くだけた挨
拶〉、いきましょうか；

Ça va ?　　　　　　　　　　元気？
　サ　ヴァ
Oui, ça va. Et toi ?　　　うん、元気。君は？
ウィ　サ　ヴァ　エ　トゥワ
Ça va. Merci.　　　　　　　元気。ありがと。
サ　ヴァ　メルスィ

　今回は、さっきあった bien（well）なんかもなく、なん
　　　　　　　　　　　　　ビアン
というか、どストレートに Ça va. で突っ走っています。
　　　　　　　　　　　　サ　ヴァ
シンプルで、とってもやわら〜い表現です！

　途中に出てきている Et toi ? ですが、これは英語の
　　　　　　　　　　エ　トゥワ
And you ? にあたります。（ただしフラ語には、you は2
種類、つまり tu と vous がありましたね？　この toi は、
　　　　　　テュ　　　ヴー
親しい相手に使う tu の兄弟で、こんな風に独立している
場合に使う形です。強勢形、っていう名前があるんですが、
今はスルーで OK！　また後でまとめます！）

　この Ça va. という表現について、ここで1つ付け加え
　　　サ　ヴァ

ることがあります。

　さっきの会話の例では、挨拶の表現として Ça va. をご
紹介しましたが、実はこれ、もっと使える範囲が広いんで
す。

Ça va.
サ　ヴァ
元気です　順調です　大丈夫です　わかったよ　これでい
いです……

　さっき、ça はバクゼンと「状況」を指すんだと言いま
したよね？　そうなんです、まさにその「状況」によって、
いろんな意味になっていくんです。

　たとえば、朝から脇目もふらずキーボードをたたき続け
てる同僚に向かって、淹れ立てのコーヒーを手に Ça va ?
と言えば、「仕事は順調？（コーヒーでもどうぞ）」という

順調？　　大丈夫？　　もういいよ　　これで
　　　　　　　　　　　　　　　　　　　　いい？

118

意味になるでしょう。それに対して Oui, ça va. と答えれば、「うん、順調だよ」ということですね。

　また、ちょっと具合悪そうにしている人に Ça va ? と訊けば、これは「大丈夫？」という感じ。あるいは、なんだかんだグズグズ文句言っている人に向かって Ça va, ça va. と言えば、「わかった、わかった（だからもういいよ）」という感じ。ずれたスカーフを直してあげて Ça va ? と訊けば、「これでいい？」という感じ……。

　この Ça va. は、たとえば『最強のふたり』の中でも 10 回以上、いろんな意味で使われていました。なにしろ超短い、というか**たった2単語**です。ぜひここで覚えて、いつかどこかの映画で出てきたら、ああ、ここで使うのね！と思っちゃってください！　そしてそんな「状況」になったら、ぜひみなさんも使ってみてください！

　さて、不規則動詞、お疲れさまでした。être の活用と
C'est 〜 を使った表現、avoir の活用、そして aller の活用
形を使った挨拶や、便利表現 Ça va. などを見てきました。
フラ語の手触りみたいなものを、なんとなくでも感じていただけたでしょうか？　そうです、この感触がフラ語なんです！

　活用については、なんと言っても「不規則」なので、ここはムリヤリ覚えるしかない（泣）んですが、be 動詞も、

名にし負うサ行変格活用も使いこなせるみなさんのことです、実際にテキストを読んでゆく段階になれば、自然と覚えられるものです。

　ただね、フランス語を母語とする人たちだって、小学校では活用のテストをさんざんやらされてるんです。わたしたちが、漢字テストにさんざん泣かされてきたように！なので、万が一苦労してもそれはごくフツーですから、どうぞ長い目であなた自身を見守ってあげてくださいね♥

　さてさて、どこで話そうかと思いながら、結局ここまで来てしまったんですが、そうです、例の「フランス人は10着だけ」問題についてです。そしてこんなに引っ張っておいて申し訳ないんですが、フランス人はほんとに服を「10着」しか持っていないのかどうか、ちょっとわたしには分かりません！（本当にたしかめたければ、ヨネスケさんにお願いして、「突撃！　隣の洋服ダンス（イン・フランス）」でもやってもらうしかないでしょう！）なのでその「答え」を示す代わりに、最近のフランスのワカモノたちの洋服事情について、少しご紹介させてください。

　今フランスで一番服を買っているのは、12歳から25歳までの層です。彼らは、人口比で言えば15%程度に過ぎないのに、なんと服の売り上げの25%は彼らの買い物によるものです。彼らは1年に、平均で625€も服にお金を

かけているのです。ワカモノにとっては、けっこうな額で
すよね。そのおかげで、ZaraやH&Mのようなファスト
ファッション・ブランドは、大きな成功を収めているわけ
です。わたしの知り合いのフランス人女性（ちょっと前ま
でワカモノでした！）も、服は安いものでいい、そこそこ
今風なら！　と言って、H&Mに通っていました。

　ただ、コロナの襲来でちょっと風向きが変わってきたと
言われています。まず単純に、仕事が減り、その結果使え
るお金も減ったせいで、ワカモノたちは自然とミニマルな
方向へシフトし始めたようなのです。（ミニマル生活を始
めるのって、実際、思想より現実が理由になることが多い
と言われていますね。これは日本でも。）じゃあそこで何
が起きたかというと、古着を売買する（メルカリみたいな）
アプリであるVintedの人気が急上昇したのです。そう、
ワカモノたちは、服を買うときの最初の選択肢に、古着を
持ってきたわけです。そして考えてみれば、たとえば、一
緒に暮らし始めた若いカップルが家具を買う場合、その第
一候補がアンティーク・ショップだっていうケースも多い
お国柄ですから、古着に対する抵抗も少ないだろうとは想
像できます。しかも！　今のワカモノは環境問題や気候問
題に敏感です。彼らのその辺の感覚とも、マッチしたのか
もしれませんね。

第3章をふり返りましょう

読んでみてください。

1 ）Je suis Japonais. / Je suis Japonaise.

（わたしは日本人（男性）／（女性）です）

2 ）Les grandes personnes sont comme ça.

（大人ってそういうもんだよね）

3 ）Eh Magalie ? Tu as 2 minutes là ?

（ねえマガリー、ちょっと（2分）いい？）

4 ）Vous avez mon adresse ? / Vous avez mon numéro ?

（わたしのアドレス／（電話）番号持ってますか？）

5 ）Comment allez-vous ? － Je vais bien. Merci.

（お元気ですか？　－私は元気です。ありがとう）

解答

1 ）ジュ スュイ ジャポネ　ジュ スュイ ジャポネーズ

2 ）レ グランドゥ ペルソンヌ ソン コム サ

3 ）エ マガリー テュ ア ドゥー ミニュットゥ ラ

4 ）ヴザヴェ モンナドレス／ヴザヴェ モン ニュメロ

5 ）コマンタレ ヴー　ジュ ヴェ ビアン　メルスィ

フラ語が通じるのはどこ？〜ベルギー

　今回はユーラシア大陸に渡りましょう。まずは、フランスと接しているベルギー。この国は、フランス側はフラ語、北部のオランダ側はオランダ語（フラマン語）が使われています。首都のブリュッセル（小便小僧とゴディヴァ1号店あり！）は、北部地域に属しながらも、基本的にはフラ語圏で、まあ飛び地みたいな感じです。「神は実在する。ブリュッセルに住んでいる（！）」というのは、コメディー映画『神様メール』のキャッチコピーですが、神様ならぬ女性歌手 Angèle も、ベルギーにとどまったまま、フランスでもスターになっています。また、一時はフラ語圏全体のスーパースターだった Stromae も、ブリュッセルを活動拠点にしていました。彼は、ルワンダ虐殺で亡くなった父親をテーマにした曲も多いです。（どうぞ YouTube で、Stromae を検索してください。マエストロ、のさかさま語です。これぞ新時代のテクノ・ポップ！）

　またフランスと接していると言えば、ルクセンブルクもそうです。ここでもフランス語は、公用語の1つです。ルクセンブルクを舞台にしたドラマ『カピタニ』を見ていたら、ふだんはルクセンブルク語を使っている警官たちが、書類を読み上げるときだけはフラ語になっていました。ルクセンブルクでは、法律や行政関係の書類にはフラ語を使う、というお約束があるからなんですね。

第4章

フランス人はボージョレ・ヌーヴォーがお好き
〜形容詞

　さて、ついこの前始まったばかりのフラ語ワールド・ツアーですが、わたしたちはもう、フラ語の読み方から出発して、名詞、冠詞、代名詞、そして重要動詞3つの使い方も見てきました。ということはすでに、「え、フラ語？　かじったことあるよ（フフフ）」くらいのところまでは十分来ています！　おめでとうございます！　ここからは、そのかじったものの味わいを、さらに楽しんでいきましょう。

　というわけで、ここでは形容詞をご紹介します。と言っても、みなさんすでにお気づきの通り、もう何度か出てきていました。その時触れた例文、復習を兼ねてちょっとまとめてみますね。太字の部分が形容詞です。

Les **grandes** personnes sont comme ça.
レ　グランドゥ　ペルソンヌ　ソン　コム　サ
大人ってそういうもんだよね。

C'est **bon** !　これおいしい！
セ　ボン

...c'est **bon** comme ça？　…こんな感じでいいんだろ？
<ruby>セ<rt></rt></ruby> ボン コム サ

C'est une originale ! C'est **sûr** !
セ テュノリジナル セ スュール
変わった女性だな！　間違いない！

Un boa c'est **dangereux**...
アン ボア セ ダンジュルー
ボア蛇、それは危険なんだ…

　なんと、もうこんなにやっていました！　最初の「大人
grandes personnes」を除けば、みな〈C'est ＋形容詞〉の
形でしたね。じゃあこれらを踏まえて、フラ語の形容詞っ
てどんなものなのか、見ていきましょう。

お手頃ワインを注文するコツ
〜注目すべきは一致と位置

　一致と位置。そうなんです、フラ語の形容詞は、この２
つさえ分かればいいんです。簡単そうです！　あ、ここで
ベンチから、これだけポイントのリクエストがありました！

◆ 形容詞は、「一致」と「位置」が大事

> 一致：かかる名詞と性・数が一致する
> 位置：名詞の後ろ

じゃあまず「一致」からですが、形容詞というのは、そもそも名詞（や代名詞）にかかるわけですよね。フラ語では、その名詞が男性名詞と女性名詞に分かれていて、それぞれに単数と複数があります。つまり名詞には、形が４タイプあることになるわけですが、形容詞は、それがかかる名詞のタイプに合わせて、語尾を「一致」させる必要があるんです。つまり形容詞もまた、４つの形を持つことになります。

　というわけなので、ここで言っている「一致」というのは、丁寧に言うと、「形容詞と名詞の性・数の一致」のことです。いや大丈夫、例を見ればすぐに分かります。

	単数	複数
男性形	blond ブロン	blonds ブロン
女性形	blonde ブロンドゥ	blondes ブロンドゥ

　形は４つ。「一致」するときの語尾の変化は、ご覧の通り。つまり、男性単数形を基本として、女性単数の場合は語尾に－eを付け、複数形は、それぞれの単数形に－sを付ければいいわけです。ただこのsは、（名詞の複数形の時と同様）発音しません。

　じゃあ、実際の例を見てみましょう。「名詞にかかる」っ

てことでしたが、実は2通りの「かかり方」があります。
いえ、どうってことないです。どうぞ！

ⅰ）形容詞が直接名詞にかかる場合

un garçon blond　　　　金髪の少年
アン　ギャルソン　ブロン
des garçons blonds　　金髪の少年たち
デ　ギャルソン　ブロン
une fille blonde　　　　金髪の少女
ユヌ　フィーユ　ブロンドゥ
des filles blondes　　　金髪の少女たち
デ　フィーユ　ブロンドゥ

ⅱ）形容詞が être を挟んで、名詞にかかる場合

Nathalie est blonde.　　　　　　ナタリー（女性）は金髪だ。
ナタリー　エ　ブロンドゥ
Emma et Najima sont grandes.　エマ（女性）とナジマ（女
エ　マ　エ　ナ　ジ　マ　ソン　グランドゥ　　　　性）は背が高い。

　ⅰ）のほうは、まあ直接かかっているので、問題ないです
ね。で、ⅱ）の形の場合も、これはまあ「かかってる」
感じしますよね？　être（＝be動詞）が使われていると
　　　　　　　　　　　エートゥル
いうことは、その前と後は「イコール」ってことですから。
（She is young. なら、「彼女」と「若い」は「一致」して
いますね）。
　これらの例文のように、性別がはっきりしている場合は
一致させるとして、では「わたし」や「あなた」だった場
合はどうすればいいでしょう？　簡単です。「わたし」や「あ

なた」の性別に合わせればいいんです。なので、たとえば「わたしは背が高い」の場合、Je suis grand. も Je suis grande. も、両方ありうるってことですね。
<ruby>ジュ スュイ グラン<rp>(</rp></ruby><ruby>ジュ スュイ<rp>)</rp></ruby>
<ruby>グランドゥ<rp>(</rp><rt></rt><rp>)</rp></ruby>

　では次は「位置」です。ただこれは、今挙げた「金髪の〜」の例を見て、すでに気づいている方も多いんじゃないでしょうか。そうです、フラ語の**形容詞は、名詞の後**に置かれます。たとえばみなさん、「マイヨ・ジョーヌ」って聞いたことないでしょうか？　毎年7月に行なわれる自転車レース、「ツール・ド・フランス le Tour de France」。この約1ヶ月続く厳しいレースの期間中、前日までの成績で首位に立っている選手だけが着られる「黄色いシャツ」、それが maillot jaune です。ここでも jaune「黄色い」という形容詞は、maillot「ジャージ、シャツ、レオタード」という男性名詞の後ろに来ているんですね。もしも maillot jaune を聞いたことがあったら、要するにそれと同じ語順です！

　そうだ、色つながりで、フラ語のおもしろい表現を思い出しました。それは、la main verte「緑の手」です。これ、どういう意味だと思います？　ちなみに、「緑のおばさん」（今では差別表現じゃ!?）とも「緑のたぬき」とも関係ありません！　これ、たとえば「ターシャは緑の手を持っている」と言えば、それはターシャが、植物について詳しい、ガーデニングが上手、みたいな意味になるんです。緑は、

植物だったんですね。

　また、形容詞が名詞の後ろに来る例としては、毎年11月になると話題になるBeaujolais nouveauもあります。ボージョレというのは、Bourgogne地方の小さな村の名前です。その村の畑のブドウから作られたワインは、ふだんからBeaujolaisとして流通していて、日本の酒屋さんでもよく見かけます。（で、買います！　値段もお手頃。）Beaujolais nouveauの場合は、このBeaujolaisのあとに、形容詞のnouveauが付いているわけです。nouveauという形容詞は、基本的に「最新の」という意味なんですが、ここでは、農作物などが「その年に取れた」という意味で使われています。新米や新そば同様、新酒というわけですね。

　ちなみにボージョレ・ヌーヴォーは、もちろんその爽やかな軽快さを楽しむものだと思いますが、じゃあたとえばレストランに出かけて、どんなワインがご希望ですか？と訊かれたとき、みなさんは何と答えてらっしゃるでしょうか？　こういう場面で、安いやつ、とは言いにくいですよね？　とはいえ、お財布が頼りないことがあるのも事実です！　そういうときのオススメの答え、それは、フレッシュでフルーティーな感じのもの、これです。ソムリエは分かってくれるでしょう。そしてそういう場合決して口にしてはいけない単語、それは、芳醇、リッチ、味わい深い、などです。これは、高くてもいいからおいしいやつ持って

きて！　のメッセージになってしまうからです！

　あら、またもや脱線してしまいました！　では気を取り直して、形容詞が名詞の後に来る例、今度は『星の王子さま』から３つ、引用しておきましょう。まずは、ある星に住んでいる businessman（ビミョーに仏英混ざった発音になります）の言葉。彼は哀れにも、何度もこう繰り返します；

Je suis un homme **important**.　オレは重要な人間なんだ。
ジュ スュイ アンノム　　　　アンポルタン

　そして王子は、自分の星の「花たち」について；

Les fleurs sont **difficiles**！　花たちって気難しいんだ！
レ　フルール ソン ディフィスィール

　と言っていました。形容詞 difficile は、「問題」などに
　　　　　　　　　　　　　ディフィスィール

130

使えば「難しい」ですが、人間（ここでは「花たち」ですけど）に対して使えば、「気難しい、好みがうるさい」という感じです。ただ王子は、結局、自分の星に戻ることにするんですね、花のために……。

　そしてもう１つは、『星の王子さま』の核心と言ってもいいこの文です；

L'essentiel est **invisible** pour les yeux.
レサンスィエル　エ タンヴィズィブル　プール　レズィウー
大事なことは、目に見えないんだ。

　最初の essentiel、これは男性名詞で、こんな風に定冠詞
エサンスィエル
と一緒に使って「本質的な点、大事なこと」を表わします。
（女性名詞の essense「本質、エッセンス」から派生した語
エサンス
です。）そして形容詞の invisible は「目に見えない」。こ
アンヴィズィブル
れは「目に見える」を表わす visible に、否定の接頭語 in
ヴィズィブル　　　　　　　　　　　　　　アン
ーが付いたものです。最後の pour les yeux は「目に」で、
プール　レズィウー
英語にするなら for the eyes です。invisible とあるので、
この pour les yeux はなくても、文の意味自体は変わりま
せんが、でもここは丁寧に、そしてはっきりと、「目に」
と付けたわけですね。大事なことは目に見えない……。そ
の通りですね。

Mauvais garçon はろくでなし
〜名詞の前に置かれる形容詞

　形容詞の「語順」には、ごく少数の例外があります。つまり、名詞の前に置かれる形容詞もあるんです。それらは**どれも、日常よく使われる短い形容詞**なんですが、まあ見てください。

◆ 名詞の前に置かれる形容詞

bon, *bonne* よい ボン ボンヌ	mauvais, *mauvaise* 悪い モーヴェ モーヴェーズ	
grand, *grande* 大きい グラン グランドゥ	petit, *petite* 小さい プティ プティットゥ	
joli, *jolie* 可愛い ジョリ ジョリ		

＊イタリックは女性形。bonne は特殊です。

　たしかによく使うものばかりですね。ではいきなりですが、bon を使った決まり文句の例を、3つ挙げてみます。

Bon anniversaire !　誕生日おめでとう！
ボ ナ ニ ヴェル セール

Bonne année !　　　新年おめでとう！
ボ ナ ネ

Bonnes vacances !　よいヴァカンスを！
ボ ン ヌ ヴァ カ ン ス

　みんな単純で、みんな形容詞 bon が前に来ています！
bon が、année に合わせて女性単数形（bonne）になったり、
ア ネ

vacances に合わせて女性複数形（bonnes）になったりしてるわけです。（いわゆる「ヴァカンス」の意味で使うとき、vacance は複数になります。単数だと……「空白」！）

　そう言えばついさっき（124 ページで）復習した例文の中に、この文があったの、覚えているでしょうか？

Les **grandes** personnes sont comme ça.
レ　グランドゥ　ペルソンヌ　ソン　コム　サ
大人（大きな人たち）ってそういうもんだよね。

　形容詞 grand（es）が、名詞 personne（s）の前に置かれていたのは、このルールがあったからなんですね。

　それからこれはすご～く古いので、はあ？　聞いたことないんですけど？　になっちゃう方が多いと思うんですが、でもやっぱり言ってしまいましょう、まあ、YouTube で確認できるし！

　今は昔、越路吹雪といふ者ありけり。彼女が歌った「ろくでなし」、その原曲であるフラ語のタイトルは、Mauvais garçon でした。直訳なら、「悪い少年」ですが、ほら、形容詞 mauvais は名詞の前に来てますね？　こういう感じなんですね。
モーヴェ
ギャルソン

　ちなみに、この原曲を歌ったのは（「雪が降る」で有名な）アダモです。YouTube で、ぜひアダモ版も聞いてみてください。日本版のサビの♪ろくでなし、の部分は、定冠詞

を付けて♪ le mauvais garçon です！（日本語は 5 音節、フラ語も 5 音節。ル・モ・ヴェ・ギャル・ソン！）

「マ・シェリ」、それは「わたしの愛しい人♥」 〜所有形容詞

さて、今、形容詞をやりました。これは何というか、「ふつうの」形容詞でしたよね？　フラ語にはこれ以外にも、

・疑問形容詞（「どの〜」「どんな〜」）
・指示形容詞（「この〜」「これらの〜」etc.）
・所有形容詞（「わたしの〜」「きみの〜」etc.）

などの形容詞たちもいます。でもこれ、みんな考え方は同じで、要は「一致」と「位置」に注目すればいいだけです。いつか出会ったら、そんな感じで対応して頂ければいいだけ……なんですが、どうしましょう、やっぱり所有形容詞だけは少し見ておきましょうか。まあこれ全部やるとけっこう情報も多くなるので、一番使う「わたしの」と「きみの」だけ、さわりをご紹介することにしましょう。

とりあえずこれをご覧ください。smartphone「スマホ」
<ruby>は男性名詞で、montre「腕時計」<rp>（</rp><rt>スマルトゥフォン</rt><rp>）</rp></ruby>は女性名詞です；

mon smartphone　わたしのスマホ（my smartphone）
モン　スマルトゥフォン

134

ma montre　わたしの腕時計（my watch）
マ　モントゥル

　mon も ma も、両方とも「わたしの（my）」なんですが、
なぜ形が違うんでしょうか？　これは、それがかかる名詞
（smartphone や montre）と、**性・数が一致している**から
です。つまり mon は、「わたしの」の男性単数形、ma は
女性単数形、ということです。そして位置は、名詞の前で
す。

　じゃあ次に、名詞が複数の場合を見てみましょう；

mes smartphones　わたしのスマホ（my smartphones）
メ　スマルトゥフォン
mes montres　　　わたしの腕時計（my watches）
メ　モントゥル

　今度は同じ mes が使われています。これはつまり、名
詞が複数形の場合、所有形容詞は、男性・女性、同じ形に
なりますよ、ということです。よかったです！

　では今度は「君の」を見てみましょう。後半2つは複数
形です；

ton smartphone　君のスマホ（your smartphone）
トン スマルトゥフォン
ta　montre　　　君の腕時計（your watch）
タ　モントゥル
tes smartphones　君のスマホ（your smartphones）
テ　スマルトゥフォン
tes montres　　　君の腕時計（your watches）
テ　モントゥル

ね、すごく似てるでしょ？

　じゃあみなさん、これ、見覚えあるでしょうか？　小さ
な王子に「このモノなに？」と訊かれたわたしは、こう答
えました、いや、これはモノじゃない……

C'est un avion. C'est **mon** avion.
セ　タンナヴィオン　セ　　モンナヴィオン
飛行機だよ。ぼくの飛行機さ。

　最後の mon avion「ぼくの飛行機」は、英語にすれば
my airplane にあたるわけです。（avion は男性名詞なので
mon が使われているわけですが、実は、たとえ女性名詞
であっても、その名詞が母音で始まっている場合は、ma
ではなく mon を使います。mon adresse、とかね。これは
発音の都合で、ton も同じルールが適用されます。）
モンナドゥレス
　そういえばみなさん、某化粧品メーカーが発売している
シャンプーで、「マシェリ」という商品をご存じでしょう
か？　これは「わたしの愛しい人」くらいの意味なんです
が、実は、「モンシェリ」という表現もあるんです。どう
いうことかというと；

mon chéri　　　ma chérie　愛しい人
モン　シェリ　　　マ　シェリ

　お気づきですか？　２つの「シェリ」のつづりが違って

います。どちらも「愛しい人」には違いないんですが、左は男性形で、右は女性形です。つまり、愛しい相手がポールだったら左を、レイラだったら右を使えばいいわけです。そして mon と ma は、それぞれ chéri や chérie と性・数一致しているわけですね。

　そうそう、「モンプチ」mon petit なんていう商品もあります（ネコちゃんの餌ですね）。この場合、petit は形容詞ではなく、名詞「小さきもの、可愛いもの」として使われています。我が家にも可愛い♥ Manon ちゃんがいます。ただ Manon は雌なので、わたしから見れば、ma petite ということになります。なんなら、ma fille（わたしの娘）と言ってもいいです。いずれにしてもネコは可愛いです！C'est sûr !
セ シュール

　では、小さな王子のこの言葉で所有形容詞を締めくくりましょう。いろんな星を巡った末、やっぱり自分の星に戻る決心をした王子。彼はこう言ったのです；

Je suis responsable de ma rose.
ジュ スュイ レスポンサーブル ドゥ マ ローズ
ぼくはぼくのバラに責任があるんだ。

　responsable は「責任がある」という形容詞です。これを覚えるときは、受験英語の時のイディオムみたいに、

〈 être responsable de 〜 ： 〜に責任がある〉（英：be
エートゥル レスポンサーブル ドゥ
responsable for 〜）という形で頭に収めるといいですね。

　そしてこの responsable ですが、同じ語源を持つ動詞は
répondre（反応する、答える）です。ということは……、「責
レポンドゥル
任がある」というのは、「反応できる」ということなんで
すね、傍観するのではなく……

　Et vous, vous êtes responsable de ...... ?
　エ ヴー 　 ヴ ゼットゥ レスポンサーブル ドゥ

＊かつて 23 ページで、 ZEE （排他的経済水域）が登場していたこと、覚
ゼッドゥウウ
えてらっしゃるでしょうか？　これ、略さずに書くと、zone économigue
ゾーヌ エコノミック
exclusive となるんですが、ここでは２つの形容詞が、名詞 zone の後ろに
エクスクリュスィヴ
置かれています。なのでフラ語では、EEZ ではなく、ZEE になるんですね！

138

第4章をふり返りましょう

形容詞を含む文です。読んでみましょう。

1）Les **grandes** personnes sont comme ça.

2）...c'est **bon** comme ça ?

3）C'est une originale ! C'est **sûr** !

4）Nathalie est **blonde**.

5）Beaujolais **nouveau**

6）Je suis un homme **important**.

7）Les fleurs sont **difficiles** !

8）**mon** smartphone   **ma** montre   **mes** smartphones
   ton smartphone   **ta** montre   **tes** montres

解答

1）レ **グランドゥ** ペルソンヌ ソン コム サ　2）セ **ボン**
コム サ　3）セテュノリジナル　セ **スュール**　4）ナタリー
エ **ブロンドゥ**　5）ボージョレ **ヌーヴォー**　6）ジュ スュ
イ アンノム **アンポルタン**　7）レ フルール ソン **ディフィ
スィール**　8）**モン** スマルトゥフォン／**マ** モントゥル／
メ スマルトゥフォン／**トン** スマルトゥフォン／**タ** モン
トゥル／**テ** モントゥル

フラ語が通じるのはどこ？〜スイス、モナコ

　前回は、フランスの北側にあるベルギーなどが登場しましたが、今回は東側で国境を接しているスイスです。実際、パリとジュネーブはほんの 400km ちょっとしか離れていません。（西ヨーロッパって、小さい！）

　スイスの公用語は 4 つ（独語、仏語、伊語、ロマンシュ語）あり、駅や空港などでは、必ずと言っていいほど複数の言語で説明が書かれています。（フラ語話者は約 20%。）

　時計職人の息子として Genève に生まれた Jean-Jacques
Rousseau。彼の『エミール』も『人間不平等起源論』も、フラ語で書かれています。そしてもう一人の時計職人の息子が、今だにファンの多い建築家 Le Corbusier です。YouTube には、彼がフラ語を話すインタヴューが上がっています。（ちなみに、40 代に入ったル・コルビュジエは、1930 年、結婚を機にフランス国籍を取得。そして翌 31 年には、パリ郊外のポワシーにサヴォワ邸を完成させます。建築の教科書には、必ずと言っていいくらい登場するアレですね。）

　地中海に目を転じると、人口は 4 万人足らず、その代わり人口密度は世界一と言われるミニ国家モナコも、フラ語が公用語です。街中を走ることで有名なモナコ・グランプリは、Grand Prix de Monaco。そしてあの伝説の料理人 Alain Ducasse も、今はモナコ国籍です。

第5章
素敵に広がるフラ語の世界
〜動詞の90%を占める−er動詞

　では、次は……ああ、超大物の登場です！

　みなさんはすでに、「最重要動詞たち」とも言っていい être だの avoir だの、さらには aller もサクッと見てきました。次に取り上げるのは、フラ語動詞のメイン・キャラクター、− er動詞です。これで「ウーエール動詞」と読みます。アルファベ読みね。

　この動詞グループ、なにしろフラ語動詞の90％を占めているので、重要なのは言うまでもありません。ただ逆に言えば、このパターンさえ理解してしまえば、動詞の90％はOKで、さらに、動詞のボキャブラリーも一気に増やせる！　ということでもあります。う〜ん、ここは（大事な場面での Shohei のように）ギアを上げていきましょうか！

　まずは一瞬復習です。前に上げたこのポイントを、もう一度確認してください。どうぞ！

◆ 「活用」から見た、動詞の3グループ

ⅰ）完全な不規則活用グループ
　　〜といってもたった4動詞だけ
ⅱ）－ er（ウーエール）動詞グループ
　　〜全体の90％！　しかも同じパターンの活用！
ⅲ）その他〜活用語尾はみんな共通、でも語幹が変化

ナンパが日常のフランス人
〜－ er 動詞のルール

では、今度は－ er 動詞。新たなポイントはこれです！

◆ － er 動詞のおさえておきたいポイント

ⅰ）原形はみんな－ er で終わる（発音は「エ」）
ⅱ）活用のパターンは1つだけ
ⅲ）6つの活用形の内、4つは同じ音（ラッキー！）

これが「ポイント」です。ただ……

－ er 動詞はなんといっても大物です。ここでは、この
ポイントを踏まえて、具体的な目標を設定してみましょう
か。それはこの2点です；

・ーer 動詞を（原形で）いくつか知っている

・ーer 動詞の原形を見て、その活用を言える

　また活用形を見て、原形を言えれば尚よし！　です。

　ちょっと目標が高い気もしますけど……、ま、やるだけ
やってみましょう。ちなみに、復習はし放題です！

　では大事な活用のご紹介に入る前に、目標１つめの対応
策として、みなさんがよく使いそうなーer 動詞を、原形
でいくつか挙げておきましょう。こんな感じです；

danser ダンセ	踊る	parler パルレ	話す
chanter シャンテ	歌う	écouter エクテ	聞く
draguer ドゥラゲ	ナンパする	toucher トゥーシェ	触れる
rencontrer ランコントゥレ	出会う	télécharger テレシャルジェ	ダウンロード する
téléphoner テレフォネ	電話する	bloquer ブロケ	ブロックする
marcher マルシェ	歩く	poster ポステ	投稿する
arriver アリヴェ	到着する	partager パルタジェ	共有する
manger マンジェ	食べる	Netflixiser ネットゥフリクスィゼ	Netflix を見る
jouer ジュエ	遊ぶ、 演奏する	Instagramiser アンスタグラミゼ	インスタに投 稿する
aimer エメ	愛する	regarder ルギャルデ	見る

いくつかじゃなくね⁉　という声が、全国津々浦々から聞こえてきます。すみません！　いくつか、と思ったんですが、つい長〜くなってしまいました！　でも、なんだかもうこれだけあれば、このまま生きていけそうですよね？（イヤイヤイヤ、それには全然足りません！）

　若いみなさんにとっては、「ナンパする」なんて昭和な動詞、いらねーし！　かもしれません。でもね、少なくとも多くのフランス人がそうは思わないはずです。コロナの前も後も、彼らにとってナンパは「日常」だからです。そして、コロナでバーなんかが閉まっていた時期はつらかったようで、出会い系アプリ application de rencontres を使う人がすごく増えたそうです。まあ、ムベナルカナ！

　あ、こんな話をする予定じゃなかったのに！　じゃあ、気を取り直して。

　前ページの表をツラツラ見てください。どうですか、何か気づきませんか、特に語尾あたり……。そうです、すべての－er　動詞の原形の語尾は、－er　で終わっています。だからこそ、－er　動詞という名前なのです！（語尾が－erで終わっているのに、－er動詞に入らない動詞がたった１つだけあります。それが、すでに不規則動詞として登場した aller です。この aller が、唯一の例外です。）

　そしてこの語尾の　er　は、「アルファベ読み」なら「ウーエール」ですが、単語の中では「エ」と読みます。（「エー

144

ル」でも、英語風の［ər］でもありません。）なのでこの
グループの動詞の原形は、みんな「エの段（エ、ケ、セ、テ、
ネ……）」の音で終わることになります。（Netflixiser み
たいな新語を作るときも、要は語尾を－erにしちゃえば
いいわけです。日本語だったら、「ジコる」「メモる」「グ
グる」なんかが、同じような手順で作られた語かも？）

ダンス！ ダンス！ ダンス！
～活用形の読み方

　次が活用なんですが……日本で出ているフラ語関連の本
では、ほぼ100％、ここでまずなんらかの動詞の活用を示
すのがパターンです。まったく正しいやり方だと思うんで
すが、ここではまず、つづりはおいといて、「音」だけあ
げてみることにしましょう。しゃべるときは、これだけ知っ
ておけばいいんです。（小さい子どもたちが、書けないの
にしゃべれるのは、「音」を記憶しているからですね。）

　じゃあ、やっぱりダンセ「踊る」です！（「わたしは踊る」
「君は踊る」「彼は踊る」……と続きます。）

◆原形　ダンセ

	単数	複数
一人称	ジュ ダンス	ヌ　ダンソン
二人称	テュ ダンス	ヴ　ダンセ
三人称	イル ダンス	イル ダンス

　いかがですか？　まず原形は「エの段」で終わりますか
ら「ダンセ」です。

　そして活用形は6通りありますが、なんと、そのうち**4
つは同じ音、「ダンス」**です。フラ語の動詞の活用という
のは、世間では「ムズイ」ということになっているようで
すが、実態はちがうようです！

　というわけで、まず原形は「ダンセ」、そして活用形の
方は、「わたしたちは」の「ヌ ダンソン」、「あなた（たち）
は」の「ヴ ダンセ」以外は、み〜んな「ダンス」になる
こと、分かっていただけたと思います。

　じゃあ次は、原形の「ダンセ」を「ダンス」にする仕方
ですが、これは「ダンセ」の最後の「エ」の音をトル、と
いうイメージです。「エ」をトルと、子音の部分だけが残り、
それで「ダンス」になるわけなんです。（ローマ字で考え
た方が分かりやすいです。se から e を取ると、s だけが残
る、という感じです。）
　　　　　　　　　　セ　エ　　　　　　　ス

ここはわりと間違えやすいポイントです。つまり、ほんとは「ジュ **ダンス**」となるところを、原形の発音「ダンセ」に引っ張られて、「ジュ ダンセ」と発音してしまう間違い、これはとてもアリガチ。要注意です！

　残る２箇所の作り方ですが、「わたしたちは」のときは「オン」を付けて「ヌ ダンソン」、「あなた（たち）は」の場合は、原形と同じ音になって「ヴ ダンセ」です。OK？

　さあ、ではその辺を確認する意味で、もう１つだけ例を見ておきましょう。今度はシャンテ「歌う」です。原形から、どう変化させれば活用形が作れるか、という点に注目してご覧ください。

◆ 原形　シャンテ

	単数	複数
一人称	ジュ シャントゥ	ヌ　シャントン
二人称	テュ シャントゥ	ヴ　シャンテ
三人称	イル シャントゥ	イル シャントゥ

　どうでしょうか？　もちろん、６活用の内４つは同じ音です。そしてそれは、原形の「シャンテ」とは違って、その語尾から「エ」を取った**「シャントゥ」**になります。で、一人称複数（わたしたち）のときは「オン」が付いて「シャ

ントン」、二人称複数（あなたたち）のときは、原形と同じ音、つまり「シャンテ」が使われていますね。

　ではちょっと練習問題にトライしてみましょう。なんといっても一番よく使う一人称単数（わたしは）に特化した問題です。次に挙げる－er動詞について、一人称単数（わたしは)の場合の活用を言ってみてください。(といっても、みなさんのご推察の通り、この一人称単数の場合の音は、都合4箇所で使えるわけですけどね。）ではどうぞ！

1）danser　（踊る・ダンセ）
2）manger　（食べる・マンジェ）
3）toucher　（触れる・トゥーシェ）
4）regarder（見る・ルギャルデ）

　答えはこうなります；
1）ジュ ダンス　　　　2）ジュ マンジュ
3）ジュ トゥーシュ　　4）ジュ ルギャルドゥ

　いかがですか？　原形の最後の「エ」がなくなるっていうのは、こういう感じです。ええ？　まだ物足りない、ですか？　しょうがないなあ、じゃあ追加問題いきましょう。同じ問題です。「わたしは」の活用形を言ってみてください。どうぞ！（応用問題が1題含まれています。）

1) parler 　　　（話す・パルレ）

2) téléphoner（電話する・テレフォネ）

3) marcher 　　（歩く・マルシェ）

4) aimer 　　　（愛する・エメ）

　では答えです；

1) ジュ パルル　　　2) ジュ テレフォン

3) ジュ マルシュ　　4) ジェム▲

　今度はできたでしょうか？

　応用問題ですが、それはもちろん 4 ）です。これは、「ジュ
エム」じゃなく「ジェム（あるいはジェーム）」となるん
ですが、この問題は、つづりを見ながらご説明したいと思
います。というわけで、ついに活用のつづり字の登場です。

Danse ！　Danses ！　Danse ！
〜活用のつづり

　みなさんと一緒に、 − er 動詞の活用の「音」は確認
しました。それを踏まえて（これが大事）、今度はつづり
字を確認しましょう。まずはやっぱり「踊る」からです。

◆ danser　踊る
ダンセ

	単数	複数
一人称	je danse ジュ ダンス	nous dans**ons** ヌ ダンソン
二人称	tu dans**es** テュ ダンス	vous dans**ez** ヴ ダンセ
三人称	il dans**e** イル ダンス	ils　dans**ent** イル　ダンス

　しつこいようですが言わせてください。つづりはイロイ
ロ（そして人生もイロイロ♪）ですが、先ほど見た4箇所
の「音」は同じです。それはいい、ですね？

　で、つづりです。ここはやっぱり、語幹と、活用語尾に
分けて考えた方がいいでしょう。大丈夫、簡単です。

「語幹」というのは、活用で変化しない部分のこと。つま
りここでは、dans －（原形から、語尾の－ er を取った形）
がそれに当たります。語尾の2文字を取るだけですから、
簡単ですね？

　で「活用語尾」（活用で変化する部分）ですが、これは
上の、太字になっている部分です。つまり……、活用語尾
だけ書き出してみましょうか。

◆ − er 動詞の活用語尾
ウーエール

	単数	複数
一人称	− e	− ons
二人称	− es	− ez
三人称	− e	− ent

　となります。これが、**すべての − er 動詞に共通する活用語尾**です。ま、語尾だけ気にすれば OK！　なんですね。
　例が１つだと頼りないので、もう１つあげておきましょうか。「歌う」です。

◆ chanter　歌う
シャンテ

	単数	複数
一人称	je chante ジュ シャントゥ	nous chantons ヌ　シャントン
二人称	tu chantes テュ シャントゥ	vous chantez ヴ　シャンテ
三人称	il chante イル シャントゥ	ils　chantent イル　　シャントゥ

　太字の部分に注目してください。上に上げた活用語尾になっていますね？　繰り返しますが、すべての − er 動詞が、これと同じパターンの活用をします。だからこそ、それが − er 動詞であるなら、初めて見る動詞でも活用でき

るし、また逆に、活用形を見て、原形が分かるということにもなるのです。

　どうでしょう、いけそうですよね！

　さて、次に進む前にちょこっとだけ追加の説明を挟ませてください。それは、活用語尾の部分の読み方についてです。

「音」の説明のところで、同じ「音」ですよと説明した4箇所ですが、オヤ？　つづりは違っています。ていうか、3通り（－ e, － es, － ent）もあるし！

　実はこれには、こんなルールが適用されているんです；

活用語尾としての－ e, － es, － ent　は読まない！

　あれ？　このルール、どっかで聞いたことがある、かもしれない……。そう、これってなつかしの être の活用形の読みの時に、もう出てきていました。（91 ページです！）このルールを－ er 動詞に当てはめるなら……

　例の、同じ音になる4箇所の、活用語尾を確認してください。使われている3通りのつづりは、まさに「－ e, － es, － ent」です。これらはみんな読まない、つまり活用語尾の「音」はみんなゼロなので、読むのは語幹の部分だけで、当然みんな同じ音になる！　というわけです。特に－ ent

は、なんか読みたくなりますよね？（わたしもなります！）
でも、「音」を先にインプットしたわたしたちは、4箇所
が同じ音なのは知っているので、間違えることはない、と
いうわけです！　OK？
オケ

「愛してる」ならリエゾンもして♥
～母音で始まる－er動詞

　さっき、原形からjeの活用を言う問題で、aimerをやり
ました。答えは「ジェム」で、これはつづりを見ながら説
明する、ということになっていました。それをやります！

　テーマは、母音で始まっている－er動詞の活用につい
て、です。と言っても、活用自体はなにも変わりません。
変わるのは、代名詞主語（jeとかilとかね）と動詞の間、
なんです。いや、下の例を見ていただければすぐ分かりま
す。「愛する」aimerです。今回は読みとセットでいきましょ
う。とりあえず、5回言ってみてください。

◆aimer　愛する
エ　メ

	単数	複数
一人称	j' aime ジェム	nous aimons ヌ ゼ モ ン
二人称	tu aimes テュ エ ム	vous aimez ヴ ゼ メ
三人称	il aime イ レ ム	ils aiment イル ゼ ム

繰り返しますが、活用自体は完全にいつも通りです。でも、je はエリジョンし、il aime ではアンシェヌマンが起こり、複数の側では3箇所ともリエゾン（太字の部分）が起こっているのです。だから今回の見出しは、正確に言うと……、〈「愛してる」なら、エリジョンもアンシェヌマンもリエゾンもして♥〉なのでした！（復習ページですよね？45 ページ〜です！）

　そしてこれは aimer だけではなく、たとえば arriver（到着する）、écouter（聞く）など、母音で始まるすべての動詞に共通に起こることです。

　じゃあこの2つの動詞、さっきみたいに、je の時の活用形だけ挙げてみると；

j'arrive　　　j'écoute
ジャリヴ　　　ジェクートゥ

になります。エリジョンしてますね？　そして特にJ'arrive！の方は、このまま「今行きます！（わたしは到着する）」という意味で使えます。これ英語なら？　そう、I'm coming！に当たるわけですね！

　この「母音で始まる − er 動詞」って、意外に数があります。（まあ、分母が多いし！）aimer の活用表をあと5回追加で声に出して、ぜひ慣れちゃってください。ここは慣れだけです！

「飼い慣らす」っていうのは、「絆を作る」こと
〜－er 動詞を使った例文

では、例文を見てみましょう。まずはベタなやつを少し。

Vous téléphonez à Paul ?　－ Non, je ne téléphone pas.
ヴ　テレフォネ　ア ポール　　　ノン　ジュ ヌ テレフォン　パ
ポールに電話しますか？　　－いいえ、しません。

Elle chante bien ?　　　　－ Oui, et elle danse bien.
エル　シャントゥ ビアン　　　　ウィ　エ　エル　ダンス　ビアン
彼女は歌うまいの？　　　　－うん、それに踊りもうまい。

Tu écoutes du Rap ?　　　－ Oui, j'aime beaucoup PNL
テュ エクートゥ デュ ラップ　　　ウィ ジェム　　ボークー　ペーエネル
ラップ聞く？　　　　　　　－うん、PNL 大好き。

　　Rap に付いている du は、部分冠詞（→ 70 ページ）です。
再登場の PNL は、兄弟によるヒップホップ・デュオでし
たね？　内省的な激しさがあり、フランスのワカモノには
絶大な人気があります。どうぞ YouTube へ！
　　では次は『最強のふたり』から。パリ郊外の狭い団地で
育ったドリスは、面接の翌日、パリの中心部にあるフィリッ
プの豪邸を再訪します。「面接を受けた」という証明書を
もらうためです。しかしドリスはなぜか、家の中に招き入
れられ、さらに家の各所を案内されます。ドリスは、案内

してくれる女性イヴォンヌに対して、戸惑った感じでこう
言います；

Bon..., j'aime bien le déco, la musique et tout ça c'est très
ボン　　　ジェム　　ビアン　ル　デコ　　ラ　ミュズィック　エ　トゥー　サ　セ　　トゥレ
bien.
ビアン
そうね……、内装も音楽も大好きだし、みんなとってもい
いよ。

　でも、オレはこの家を買う気はないし、興味があるのは
証明書だけだからサッサとしてくれ、というわけです。
　ここで使われている－er動詞は、もちろんaimerですね。
ちなみにdécoは、décoration「装飾」の短縮形です。英語
　　　　　デコ　　　　デコラスィオン
のdecorationと激似ですね。またtout çaというのは、ざっ
　　　　　　　　　　　　　　　　　トゥー　サ
くりと「こうしたもの全部」を指していて、それに続く
c'est ～は、これをもう一度受け直しています。
セ
　じゃあもう1つ。フィリップのお世話係としてお試し採
用となったドリスが、初めてフィリップにシャワーを浴び
させる場面。そしてシャンプーに手間取るドリスに対し、
フィリップは早くしてくれ、と言うのですが、

Ça mousse pas, c'est un shampoing bizarre ça !
サ　ムース　バ　セタン　シャンプワン　ビザール　サ
これ泡立たない、おかしなシャンプーだよこれは！

とドリスは答えます。でも実際は、ドリスがシャンプー
と足用クリームを取り違えていただけなんですけどね！
そりゃあ泡立たないわけです。

　ここで使われている－er動詞は、mousser「泡立つ」で
す。そう、みなさんのご想像通り、「泡」を意味する女性
名詞 mousse（ムース）から派生した動詞です。それがここでは否定
に置かれてるんですが、1つ、「会話体あるある」が起こっ
ています。否定って、動詞を ne（ヌ）〜 pas（パ）で挟むのが基本で
したよね？　でもここでは、そのうちの ne（ヌ）が省略されて
るんです。まあとても弱い音だし、pas（パ）があれば分かりま
すからね。そしてこれはほんとに「会話体あるある」なの
で、特別くだけていると言うほどでもありません。

　また shampoing（shampooing というつづりも可）ですが、
これは英語の「シャンプーする」という動詞 shampoo の
動名詞 shampooing からできた語です。そして bizarre は
形容詞で「奇妙な」です。それからこれはちょっと細かい（ビザール）
ですが、c'est un shampoing bizarre ça の最後の ça は、「こ（サ）
れ」を強調して入っているだけなので、訳の上にはでてき
ません。リズムを取っている面もありますね。

　じゃあ次は Le Petit Prince から。小さな王子は、「わたし」（ル　プティ　プランス）
と会って4日目、こんなことを言いました；

J'aime bien les couchers de soleil.
（ジェム　　ビアン　レ　クーシェ　ドゥ　ソレイユ）

ぼくは日没の光景が大好きなんだ。

　動詞 aimer はいいですね？　「日没の光景」と訳した部分ですが、ここは直訳すると「太陽（soleil）の沈み(couchers)」です。
　　　　　　　　　　　　　　　　　ソレイユ
　　クーシェ
　そしてその翌日、「花」の話をしていた時、ついめんどくさくなった「わたし」は王子に言いました、ぼくはchoses importantes（大事なこと）で忙しいんだ、と。す
　ショーズ　アンポルタントゥ
ると王子は、ちょっとぼう然として、こう答えます；

Tu parles comme les grandes personnes.
テュ パルル　コ ム　レ グランドゥ ペルソンヌ
君は大人みたいに話すんだね。

　そう言われた「わたし」は、もちろん、ああ、つまらないことを言っちゃった、と恥ずかしくなるわけですが。
　ここで使われている－er動詞は parler（話す）です。
　　　　　　　　　　　　　　　　　　　　パルレ
わたしはフランス語を話す、だったら、Je parle français.
　　　　　　　　　　　　　　　　　ジュ パルル フ ラ ン セ
です。
　ではもう１例だけ。これはもう終わり近く、王子がキツネと出会う場面です。さびしくて仕方なかった王子は、一緒に遊ぼうとキツネを誘いますが、「きみとは遊べないよ、だってぼくは appriviser されてないから」と断られてし
　　　　　　　　　アプリヴワゼ
まいます。王子はあわてて謝りますが、ちょっと考えてか

ら、こう訊きました、apprivoiser ってどういうこと？　王
子は、この単語の意味がよく分からなかったのです。

　けれどもキツネはその質問はスルーして、別の話題を
ふってきます；

Tu cherches des poules ?　メンドリを探してるの？
テュ シェルシュ　デ　プール

　ここで使われている−er動詞は chercher（探す）です。
　　　　　　　　　　　　　　　　　シェルシェ
王子は仕方なく；

Non. Je cherche des amis.　ちがう。友だちを探してるの。
ノン　ジュ シェルシュ　デザミ

　と答えてから、またもやあの言葉の意味を訊いてみると、
ついにキツネはこう答えました；

Ça signifie "Créer des liens".
サ スィニフィ　クレエ　デ　リアン
それは、「絆を作る」ってことを意味してるんだ。

　主語の ça は、apprivoiser という語を受けています。そ
　　　　　サ　　　　アプリヴワゼ
れはキツネによれば、「絆を作る」ことなんだ、というわ
けです。

　このキツネの言葉は、『星の王子さま』のなかでも名ゼ
リフとして知られているんですが、鍵はこの−er動詞、

app'rivoiser にあります。

　この apprivoiser という－er 動詞は、ふつう、動物に対
して使えば「飼い慣らす」、人間に対して使えば、「（暴れ
ん坊などを）おとなしくさせる」、あるいは「（ナンパした
相手を）手なずける」なんていう意味で使います。

　あの有名な「オー・シャンゼリゼ」の中でもこの動詞は
使われていて、この場合は、シャンゼリゼ通りで知り合っ
た彼女を「誘惑する」には、ちょっとしゃべれば十分さ、
フフフ、みたいな感じです。

　けれども！　キツネの見方は違います。人間と動物が距
離を縮めることは、「飼い慣らす」なんてことじゃない、
絆を作ることなんだ……、というのです。Mmm、たしか
にわたしとマノンの間にも、美しき「絆」があります！（た
ぶん！　ただ、マノンの意見は違うかも……）apprivoiser
という動詞はここで、新しい光の下に置かれました。それ
が、名場面と言われる由縁なのですね。

　そしてこの名セリフの説明を少しだけ付け加えておきま
すね。まず、使われている動詞は－er 動詞の signifier（〜
を意味する）です。（言語学に興味のある方は、「シニフィ
アン」とか「シニフィエ」とかいう表現を見かけたことが
あると思います。これらは動詞 signifier の現在分詞
signifiant と、過去分詞 signifié を名詞化したもので、もと

160

もとは「意味するもの」と「意味されるもの」のことです。）
そして文中にはもう１つ、－er動詞の原形が使われてい
ます。créer「作る・創造する」です。これは英語のcreate
に当たります。似てますね？
クレエ

　というわけで、フラ語動詞の90％を占める－er動詞の、
音、活用、例文、と見てきましたが、いかがでしたか？
繰り返しますが、この動詞は、パターンを捉まえてしまい
さえすれば、どんどん使える便利なグループです。しかも
その「パターン」も、それほど複雑じゃなかったですね？
このグループに慣れてくると、フラ語の世界がグ〜ンと広
がります！
　そして動詞として最後に残るのが、例の３分類で言えば
〈その他　〜活用語尾はみんな共通、でも語幹が変化〉の
グループです。そう、このグループもまた、－er動詞と
同じように、活用語尾は共通なんです。ただ残念なことに、
語幹も変化しちゃうんです。（－er動詞の場合、語幹は一
定でしたね。danserにおけるdans－の部分のことです。）
この語幹変化のパターンがいくつかあるので、はっきり
言って、活用自体は－er動詞よりメンドウです。でも！
そうは言っても全体の10％程度です。そこまでビビる必
要はありません。しかも！　この本ではすでに「スルー」
と決定しているので、とっても安心です！（そ、それでい

いのか……!?）

クロワッサンとレストラン
〜現在分詞

　さっき、現在分詞と過去分詞が一瞬登場しましたよね？ まあついでなので、ここでサワリだけ見ておくことにしましょうか？　大丈夫、ほんとにサワリだけです！（クロワッサンと塩クッキーで、おもてなしいたします！）

　じゃあまずは現在分詞から。現在分詞の使い方は、英語の場合とあまり変わりません。名詞に付けて、「〜している（途中の）」という感じで使います。

　で、形です。英語の現在分詞は、動詞原形の後に－ing を付けますね。この－ing に当たるフラ語は－ant です。
　さて、ではいくつか現在分詞の例を挙げていきますから、どうぞ語尾の－ant を確認しながら見てください。

　まずは、なんといってもこれ；

croissant　三日月、クロワッサン（読み方は 39 ページ）
クルワッサン

　もちろん、あの三日月型のパン（ほんとは「パン」じゃなくてお菓子の一種）のことです。今はもう名詞になってますが、これってもともとは、croître（成長する）という
クルワトゥル

162

動詞の現在分詞なんです。となると意味は「成長している、成長しつつある」となるわけですが、それが名詞化して「成長しつつあるもの」→「上弦の月」→「三日月」→「三日月形のパン」！　となったのです。

　それからこれも、知らない人はいませんね；

restaurant　レストラン
レストゥラン

　これも今は名詞ですが、もともとは動詞 restaurer（「〜を復元する、復活させる」）の現在分詞形です。「復活させる」なんて言うと大げさですが、日常的な感覚で言ったら「元気づける」っていう感じでしょう。みなさん、もし身近に落ち込んでいる人がいて、その人を元気づけたいなと思ったら、どんなことが考えられるでしょう？　その中にはきっと、おいしいものをごちそうして元気づける、という案が入ってきますよね？　そうなんです、restaurant は、「（食事で）人を元気づける」という現在分詞が、名詞化したものなんですね。（ちなみにレストランは、フランス革命後、貴族のお抱えだった料理人たちが失業し、街に出て店を開いたのが始まりだとされています。そうだったんですね！）

　じゃあ最後です。これ、見たことあります！

Je suis un homme important.　オレは重要な人間なんだ。
ジュ スュイ アンノム　　　　アンポルタン

　この例文、前に出てきましたね？　『星の王子さま』に
出てくるビジネスマンの言葉でした。(→ 130 ページ)
　important は、もちろん今は形容詞です。ただ、語尾は
アンポルタン
− ant になっていて、もとをただせば現在分詞だったわけ
です。それをお知らせしたくて、あえてここでもう一度挙
げてみました。復習を兼ねて、何度か声に出して言ってみ
てください。どうぞ！
　……ただまあ、言ってもらった後にナンですが、このセ
リフを使うのは、ギャグ限定という気もしますけど！
　というわけで、restaurant も important も、フラ語を知っ
てから英語を見ると、ちょっと違って見えてくるという、
いい例でした。(そうね、現在分詞だったとはねぇ……。)

バレエダンサーにはおなじみの……
〜過去分詞
　フラ語にも、過去分詞というものがあります。使う場面
は英語と似ていて、たとえば「受け身」。英語は〈be 動詞
＋過去分詞〉でしたが、フラ語は〈 être ＋過去分詞〉で、
エートゥル
まあ、実質同じと言えるでしょう。それ以外にも、英語の
現在完了に似た「複合過去」(後でチラッと触れます)を
作るときなんかにも使います。

で、－er 動詞の場合、過去分詞の作り方はとても単純です。たとえばこんな感じ；

danser　　→　　dansé
ダンセ　　　　　　　ダンセ
chanter　　→　　chanté
シャンテ　　　　　　シャンテ
parler　　→　　parlé
パルレ　　　　　　　パルレ

つまり、原形の語尾の－er を、－é に変えるだけ。しかも発音は原形と同じですから、ほんとに簡単です。
　－er 動詞の過去分詞、とりあえずこんな例ではどうでしょうか？（ちょっとおいしそうだし！）

un biscuit salé　塩クッキー
アン ビスキュイ サレ

　動詞 saler 〜 は「（〜に）塩味を付ける」です。で、その過去分詞ですから、受け身的に「塩味を付けられた（クッキー）」となります。（英語も、a salted cookie と、過去分詞が使われてますね。）
　また日本でも、カフェなんかでよく耳にするものとして「フラッペ」がありますが、あれは frappé で、－er 動詞 frapper（打つ、叩く；（氷で）冷やす）から来ています。バレエで frappé と言えば、片方の足の踵でもう一方の足のくるぶしあたりが「打たれる」動きのことで、café
カフェ

frappé と言えば、氷で冷やされたコーヒー、つまり「アイス・コーヒー」のことです。（かき氷の「氷いちご」は、ときに「いちごフラッペ」と呼ばれたりしますが、あれは日本的な呼び方です。フラ語で「かき氷」は、「砕かれた氷」を意味する glace pilée。やっぱり受け身的なんですね。）

　そうそう、バレエ用語は基本フラ語なので、過去分詞から生まれた表現もフラッペだけじゃありません。plié（折りたたまれた）も、développé（伸ばされた）（発音注意！）も passé（通り過ぎた）も retiré（引っ込められた）も、もともとはみ〜んな、－er 動詞の過去分詞です！（Roland Petit の母親であるローズ・レペットが創業した、ダンスシューズの名店レペット。パリの本店は、オペラ座から徒歩１分。店内ゴージャスです！）

　ちなみに fondu（溶かされた）ももともと過去分詞ですが、この原形は fondre（溶かす）で、－er 動詞ではありません。スイス料理として知られるチーズ・フォンデュは、もちろんこの fondu から来てるんですが、料理名としては、fondue au fromage と言います。（この fondue は名詞です。ちなみに cheese fondue は英語です。）

　以上、はなはだ簡単ではございますが、現在分詞と過去分詞のご紹介でした！

第5章をふり返りましょう

問題1　次の日本語に当たる動詞原形を、下の語群の中から選んで書き入れ、読みがなも付けてみてください。

踊る	danser	話す	＿＿＿＿＿
	ダンセ		＿＿＿＿＿
歌う	＿＿＿＿＿	触れる	＿＿＿＿＿
	＿＿＿＿＿		＿＿＿＿＿
ナンパする	＿＿＿＿＿	ダウンロードする	＿＿＿＿＿
	＿＿＿＿＿		＿＿＿＿＿
電話する	＿＿＿＿＿	Netflix を見る	＿＿＿＿＿
	＿＿＿＿＿		＿＿＿＿＿
愛する	＿＿＿＿＿	到着する	＿＿＿＿＿

aimer	parler	toucher
Netflixiser	draguer	chanter
téléphoner	télécharger	arriver

問題 2　次にあげた－er動詞について、「わたしは」の場合の活用を言ってみてください。

| 1) danser | 3) parler | 5) marcher |
| 2) manger | 4) téléphoner | 6) aimer |

問題 3　読んでみましょう。

1) J'aime bien les couchers de soleil.

2) Tu parles comme les grandes personnes.

3) Ça signifie "Créer des liens".

解答

問題 1　143 ページで探してください！

問題 2　1) ジュ ダンス　2) ジュ マンジュ　3) ジュ パルル　4) ジュ テレフォヌ（テレフォン）　5) ジュ マルシュ　6) ジェム

問題 3

1) ジェ**ム** ビアン レ クーシェ ドゥ ソレイユ

2) テュ パル**ル** コム レ グランドゥ ペルソンヌ

3) サ スィニ**フィ** クレ**エ** デ リアン

　太字部分が、発音上大事なポイントです。確認、s'il vous plaît！（＝「お願いします」、という決まり文句なんですが、直訳は「それがあなたの気に入るならば」です！）

フラ語が通じるのはどこ？〜アフリカ・1

　今回は、地中海を渡ってアフリカに入りましょう。ここには広大なフランス語圏が広がっています。すべての国名を挙げるとあまりに長〜いリストになるので、特に目立つ地域を挙げるなら、まずはアルジェリアでしょう。フランスで活躍するアルジェリア系の人たちはとても多いですが、まずは神様級に崇拝されている Zinedine Zidane。そして 2022 年、34 歳にしてついに ballon d'or「黄金のボール」を手にした Karim Benzema もいます。また映画界にも、Tahar Rahim と Leïla Bekhti という、アルジェリア系の黄金カップルがいます。パリのジャズ・クラブを舞台とした音楽ドラマ『ジ・エディ』では、二人がそのまま、クラブを経営する夫婦として出演しています。全 8 話が 4 人の監督によって撮られてるんですが、その中には、『ラ・ラ・ランド』の D・チャゼルも入っています。おもしろいです。

　そして地中海に沿ったフランス語圏には、モロッコやチュニジアもあります。フランスから見て対岸に位置するこれらマグレブの国々は、気軽に行ける観光地でもあります。ラブコメ映画『カノジョと妻とウェディング』で監督・主演を務めた Reem Kherici は、チュニジア系フランス人。また Samuel Eto'o を生んだカメルーン、Didier Drogba の故郷コートジボワール（Côte d'Ivoire ＝「象牙の海岸」）なども、やっぱりフランス語圏です。

カフェ・オ・レの「オ」ってなに？
〜前置詞と定冠詞の縮約

　それにしても、−er 動詞、大変でしたね！　しかもオ
マケまで付いてたし。ほんとにお疲れさまでした♥　今は
ひとつ大きな山を越えたところなので、ちょっと小さめの
山が恋しい気分です。そしてそんなホッとしたいときに
ピッタリなのが、やっぱりカフェ・オ・レでしょう。（ああ、
なかなかうまい前フリじゃない!?）

　カフェ・オ・レ。フラ語で書けば café au lait……。でも、
café が「コーヒー」で lait が「ミルク」なのはいいとして、
真ん中の au ってなんでしょう？　これが今回の小さな山、
前置詞と定冠詞の縮約です。

パリでマルセイユの T シャツを着てはいけない
〜代表的な前置詞

　ただこのテーマに入る前に、まずはちょっと、前置詞の
話をさせてください。

　英語には、前置詞がたくさんあります。たとえば、in,

to, for, with, on, at... 前置詞って日本語にはないので、使いこなすのはやっぱりなかなか難しいものですよね。

　英語と同じように、フラ語にも前置詞がたくさんあります。（まあ、そうなんでしょうねえ。）ちょっと、代表的な前置詞を4つ、挙げてみましょう；

à ～：～へ、～で（場所）；～に（時間）

　à Shibuya　　渋谷へ、で（to Shibuya ／ at Shibuya）
　　ア　シ ブ ヤ
　à Noël　　　クリスマスに（at Christmas）
　　ア ノ エ ル

de ～：～の（of）；～から（from）

　le chat de Marie　マリのネコ（the cat of Mary）
　ル シャ ド ゥ マ リ

dans ～：～の中に（in）；～の後に（in）

　dans un café　カフェで（in a coffee shop）
　ダ ン ザ ン カ フ ェ
　dans un mois　一ヶ月後に（in a month）
　ダ ン ザ ン ム ワ

pour ～：～のための（for）；～にとって（for）

　pour Nathalie　ナタリーのために（for Nathalie）
　プ ー ル ナ タ リ
　pour les filles　女の子たちにとって（for the girls）
　プ ー ル レ フ ィ ー ユ

　たとえば3つめの dans は、英語にするとたいていは in になります。なので「ほぼ in ね」と思っていただいて構いません。pour なら、「ほぼ for」です。

　ただし、1つ注意があります。これらはあくまで「ほぼ」

であって、決して完全一致ではないということです。pour
なんて、実質 in order to（do）「〜するために」と同じに
なることだってあるんです。この点、つまりフラ語の前置
詞は、**英語の前置詞と 1:1 の完全一致はしない**、という点、
ついでにここで確認しちゃってくださいね。

　ではほかの前置詞たちも、ザッと顔見せ的に紹介しま
しょう。声に出してどうぞ！

avec Marie　　　マリと一緒に
アヴェック　マ リ
sans Mélanie　　メラニーなしで
サン　メラ ニ
sur　 ta main　　君の手の上に
スュール　タ　マン
sous la table　　テーブルの下に
ス ー　ラ ターブル
avant le dîner　　夕食の前に
アヴァン　ル ディ ネ
après la classe　　放課後に（授業の後に）
アプレ　ラ　クラス
chez Paul　　　ポールの家で
シェ ポール
en France　　　フランスで
アン フランス

　この中では、chez 〜 がフラ語的かもしれません。これ
は 1 語で、「〜の家へ、家で」を表わします。お店の名前
なんかも、これを使ったものをよく見かけます。たとえば
Chez Françoise とか、Chez Julien とかですね。
シェ フランスワーズ　　　　　シェ ジュリアン
　そう言えば、パリ 11 区にはレストラン Chez Paul があ
るんですが、そこに行ったときのこと、注文を終え、やが
　　　　　　　　　　　　　　　　シェ ポール

てまずはアントレ（entrée）のブルゴーニュ産エスカルゴ（Escargots de Bourgogne）が運ばれてきたんですが、マダムはわたしのテーブルの前でピタリと立ち止まると、大げさにこう言ったのです。「あ、そのシャツ着てる人には、食事出せないんだけどな！」

もちろん冗談で、そのまま大きな笑顔でエスカルゴを置いてくれたのですが、なぜ彼女はそんなことを言ったんでしょう？　実はその時わたしが着ていたTシャツには、極太の青い字で、Olympique de Marseille と書いてあったのです！

……みなさんの顔に浮かぶ大きな「？」が見えます。だと思いました！

これは何がどうなってるのかというと……、サッカー大国フランスにおいて、パリはあくまでパリ・サンジェルマン（Paris Saint-Germain）の聖地だから、ここでは、その

宿敵である（巨人にとっての阪神のような）オリンピック・マルセイユ（Olympique de Marseille）のTシャツは着ちゃダメなのよ！　ということなのです。まあ逆に、太い通りの反対側から、「お〜い、おれもマルセイユだ〜！」と手を振られたこともありますけど。どうぞみなさんもぜひ、マルセイユのシャツを着てChez Paulを訪れてみてください!?（味はバツグンです。）

　というわけで、ど〜でもいい話はこれくらいにして、先に進みましょう。

ガトーショコラではなくガトー・オ・ショコラ
〜前置詞と定冠詞の縮約

　さて、ここからが本番です。いきなりですが、みなさんに質問があります。英語で考えて、前置詞のあとに一番来やすい単語って、なんだと思いますか？　わたしも、統計を取ったわけじゃないんですが。

　これって、やっぱりtheだと思いませんか？　to the station、at the corner、for the future... これは、フラ語でも変わりません。前置詞の後には、やっぱり定冠詞が続きやすいんですね。

　そしてフラ語の場合、前置詞と定冠詞の組み合わせによっては、なんだか言いにくいものがあるんです。その言いにくさを解消するために編み出されたのが、これからご

紹介する「縮約」というシステムです。まあ、「合体」と思っていただいてかまいません。

　ただこのシステムは、すべての前置詞にではなく、一番よく使う２つの前置詞、つまり à と de 限定で使われるものです。ご紹介しますね。

i）à le ➡ au（オ）
　　ア ル

　　le gâteau à̶ ̶l̶e̶ chocolat　チョコレート・ケーキ
　　ル ガトー 　　　　ショコラ
　　　　　　au
　　　　　　オ

ii）à les ➡ aux（オ）
　　ア レ

　　à̶ ̶l̶e̶s̶ Champs-Élysées　シャンゼリゼ
　　　　　　シャンゼリゼ
　　aux
　　オ

iii）de le ➡ du（デュ）
　　 ドゥ ル

　　la Coupe d̶e̶ ̶l̶e̶ monde　ワールドカップ
　　ラ クープ 　　　 モンドゥ
　　　　　　du
　　　　　　デュ

iv）de les ➡ des（デ）
　　 ドゥ レ

　　le chant d̶e̶ ̶l̶e̶s̶ sirènes　セイレーンの歌
　　ル シャン 　　　 スィレーヌ
　　　　　　des
　　　　　　デ

　なんだかスペースたくさん取りましたが、実際「縮約」

するのはこの4箇所ですべてです。〈à la 〜〉と〈de la 〜〉
は縮約しません。なぜって、言いにくくないから！

　それから、175ページの例に挙がっている「チョコレー
ト・ケーキ」についてなんですが、ここで使われている〈à
〜〉は、「〜入りの」という意味です。つまり、「チョコレー
ト入りのケーキ」、ですね。（今は昔、「文字の読み方」の
ところでも、chou à la crème、「クリーム入りのキャベツ」
が出てきてましたね！　30ページです。）

　そうそう、お菓子つながりで1つ思い出しました。フラ
ンスにはふつうに tarte à la crème クリーム・タルト（縮
約してませんね）というものがあるわけなんですが、実は
この tarte à la crème というのは、表現として、「意味のな
いもの」を表わすことがあるんです。でもそれはなぜか？
実はこの表現の起源は、17世紀の喜劇作家モリエールの、
『女房学校』にまで遡ります。この喜劇の中で、ある無垢
だとされる女性アニェスが、「コルビヨン（小箱）の中に
何を入れる？」と訊かれるのですが、そこで彼女はクリー
ム・タルトと答えます。ただコルビヨンというのは、当時
は「音がオンで終わる言葉を探すゲーム」を指すことが多
く、先ほどのセリフはゲームの始まりに言うお決まりの質
問だったんです。つまりアニェスは、それさえも知らない
ほど無垢だ、という表現なのですね。

　ただその後、この喜劇は（誤解ややっかみから）炎上し

ます。そしてこのクリーム・タルトもまた、からかいの対象になりました。それに怒ったモリエールは反撃に出て、『女房学校批判』という芝居の中で、意味なく tarte à la crème という表現を繰り返す人間たちを登場させ、炎上させた人たちをおちょくってみせたのです。それ以来、このケーキの名前は、「意味がないもの」を表わすようになったわけです。(でもなぜクリーム・タルトであって、ほかのものじゃなかったのか？ これは当時、つまらない芝居を見せられた観客が、役者にクリーム・タルトを投げつける習慣があったからだ、と言われています。コメディ映画なんかでパイを投げつける、あれですね！)

はい、では話を戻して、最後に、この文を読んで締めくくりとしましょう。

Vous aimez le café au lait?　カフェ・オ・レはお好き？
ヴ　ゼ　メ　ル　カフェ　オ　レ

　ではみなさん、café au lait、直訳するとどうなるでしょうか？　これは……、「ミルク入りのコーヒー」、ですね！はい、お疲れさまでした。

第6章をふり返りましょう

問題1　字消しされた部分を、適当な形に変えて、カッコ内に書き入れてください。

1) le gâteau ~~à le~~ chocolat
　　　　　（　　　）

ルガトー **オ** ショコラ
（チョコレート・ケーキ）

2) ~~à les~~ Champs-Élysées
　（　　　）

オ シャンゼリゼ
（シャンゼリゼで）

3) la Coupe ~~de le~~ monde
　　　　　（　　　）

ラクープ **デュ** モンドゥ
（ワールド・カップ）

4) le chant ~~de les~~ sirènes
　　　　　（　　　）

ルシャン **デ** スィレーヌ
（セイレーンの歌）

問題2　読んでみましょう。

Vous aimez le café au lait ?

解答

問題1

1) le gâteau（au）chocolat　2)（aux）Champs-Élysées

3) la Coupe（du）monde　4) le chant（des）sirènes

問題2　ヴゼメル カフェ オ レ

フラ語が通じるのはどこ？〜アフリカ・2

前回に続き、アフリカのフランス語圏第2弾です。まずはセネガルからいきましょう。『最強のふたり』の主人公ドリス。彼は、首都ダカールの出身でした。また、テーマ的にはその続編とも言える映画『サンバ』では、主人公が、サッカーのセネガル代表チームのユニフォームをお守りにしていました。日韓共同開催だった2002年のワールドカップで、フランス代表チームに勝ったときのユニフォームです。セネガルでは、お祭り騒ぎだったんでしょうね。

それから、有名ミュージシャンが多いマリ。みなさん、アヤ・ナカムラをご存じでしょうか？　フランスで人気のラッパーなんですが、彼女もマリ系です。(「ナカムラ」という名前は、『スター・トレック』シリーズに登場するナカムラ提督から借用しただけ、だそうです。) それからAmadou et Mariam。どうぞ、Sénégal Fast FoodのMVを、
アマドゥー エ マリアム
YouTube でご覧になってみてください。セネガル移民がはるばるパリに行く、という物語になっています。

最後は、アニメ映画の舞台ともなったマダガスカル。チョー個人的な話で恐縮ですが、パリの寿司店で働いていたホール係も、マルセイユの安ホテルの夜間フロント係も、話してみたらマダガスカル出身でした。2019年の火事を題材にしたドラマ『ノートルダム』にも、マダガスカル出身の男女が、パリで再会するシーンがありましたね。

第7章
我々はどこから来たのか 我々は何者か
我々はどこへ行くのか〜3通りの疑問文

　さて、−er 動詞が終わり、今や「縮約」も終わったので、そろそろこの辺で、疑問文の作り方を整理しましょうか。もちろん今までにも疑問文は出てきましたが、それは、いわば「言い方」による疑問文、つまり語尾を上げて言うことで作る疑問文でした。ここでは、それも含めて、3通りの疑問文の作り方をご紹介しましょう。

　フラ語も英語も、疑問文は2種類あります。1つは、Oui か Non で答えられるもの、そしてもう1つは、「明日
です」とか「新宿です」とか「だって好きなんだもん♥」とか、内容で答えるものです。この後者の場合は、そもそも疑問文自体に、「いつ」だの「どこ」だの「なぜ」だの、いわゆる疑問詞が入っているわけですね。

　というわけなので、ここでもやはり、疑問文を2種類に分けて、順番に見ていくことにしましょう。といっても、実際の作り方はほとんど同じなんですけどね！

「カフェ・オ・レはお好き？」
〜 Oui と Non で答えられる疑問文

　ではまず、Oui ／ Non 疑問文からです。ここもいきなり、ポイントから始めましょうか。どうぞ！

◆ 「カフェ・オ・レはお好き？」を３通りで

> ⅰ）平叙文（≒ふつうの文）の語尾を上げて
>
> 　Vous aimez le café au lait ?
> 　ヴ　ゼ　メ　ル　カフェ　オ　レ
>
> ⅱ）Est-ce que を使って
>
> 　Est-ce que vous aimez le café au lait ?
> 　エ　ス　ク　ヴ　ゼ　メ　ル　カフェ　オ　レ
>
> ⅲ）倒置を使って
>
> 　Aimez-vous le café au lait ?
> 　エ　メ　ヴ　ー　ル　カフェ　オ　レ

　なんと、ポイントをまとめてみたら、もうほとんど言うことが残ってません！　こうなったら、これを使ってご説明することにしましょう。

　まずⅰ）は、「言い方」による疑問文です。わたしが個人的に一番得意としている（！）疑問文で、ただ語尾を上げて言うだけで OK です。形は平叙文のまま何も変えないので、明らかにこれが一番簡単！

　次にⅱ）ですが、これもまあ簡単です。まず文頭に

Est-ce que と書いて（or 言って）、その後に i ）の文を続
けちゃえばいいだけです。読むときは、語尾を上げてもい
いし、下げてもかまいません。というのも、あなたが Est-
ce que と言った時点で、「ああ、これから疑問文を言うん
だな、この人は」と分かるからです。なので、語尾の上げ
下げはどっちでもいい、というわけです。

　でもそもそも Est-ce que 〜？ってなに？　ということ
なんですが、まあそんなことは気にせず、「表現」として
覚えてしまうというのももちろんアリです。なのでここは
スルーで OK なんですが、ただ、気になる気になる〜、と
いうあなただけのために付け加えるなら、この Est-ce que
〜というのは、英語で言えば Is it that 〜？に当たります。
つまり、「〜だということですか」なので、結局実質的には、
「〜」の疑問文と同じ、と考えられるわけです。ただ英語
で Is it that 〜？と言うと、かなりモッテマワッタ感じに
なりますが、フラ語の Est-ce que 〜にそんなニュアンス
はなく、ごくふつうに疑問文です。

　最後に ⅲ ）ですが、これは「主語　動詞」を「動詞−主
語」という形にします。ひっくり返し、間に「−」を入れ
るわけですね。「倒置疑問文」と呼ばれます。

　これら３つの疑問文、ⅰ ）、ⅱ ）、ⅲ ）という順で丁寧に
なります。とはいえ、ふだんは ⅰ ）を使っていただいてな
んら問題ありません。ただ書くときは、どれも最後に「？」

を付けるのをお忘れなく！（Oui！）

ゴーギャンとエッフェル塔の縁
～疑問詞を使った疑問文

　では今度は、疑問詞を伴った疑問文を作ってみましょう。まずは、ここで使う疑問詞を列挙しますね。

quand	où	comment	pourquoi
カン	ウー	コマン	プルクワ
いつ	どこへ	どんな風に	なぜ

　左から順に、when、where、how、why です。（これらはみんな動詞にかかるので、「副詞」だ、ということもできます。つまり疑問詞の中でも、「疑問副詞」特集だ、ということもできるわけです。が！　この点は気にしなくていいです！）

　この中では、みなさん、comment に見覚えがあると思います。そう、挨拶の Comment allez-vous？ に使われていましたね。もちろんこれも、れっきとした疑問文です。

　で、この手の疑問文の作り方なんですが……、これは実質、Oui／Non 疑問文と同じで、ただ文頭に疑問詞を置くだけです！（あら～、簡単……）なのでこちらも、やっぱり３通りの疑問文が作れるわけです。

　じゃあ、わかりやす～い例を挙げましょう。動詞は、不

規則動詞のところで出てきた aller（= go）です。

「あなたはどこに行くんですか？」

ⅰ）Vous allez où ?
　　ヴ　ザ　レ　ウー

ⅱ）Où est-ce que vous allez ?
　　ウー　エ　ス　ク　ヴ　ザ　レ

ⅲ）Où allez-vous ?
　　ウー　ア　レ　ヴー

　どうでしょう、ⅱ）とⅲ）は、問題ないですね？　たし
かに、文頭に疑問詞が来て、その後は Oui ／ Non 疑問文
の時と同じ作りになっています。

　そしてⅰ）なんですが、ここは「平叙文」のままでいい、
ところでしたよね？　なので語順は、まさに「平叙文」の
ままです。ただし、たとえばもともとは à Shinjuku「新宿
に」となっていた部分が、今は疑問の対象となっているの
で、その代わりに「どこに」、つまり où を入れているわ
けです。英語に直訳するなら、You go to Shinjuku. を、
You go where ? にする感じです。

　では、他の例文もいくつかどうぞ。

Elle est où ?　彼女はどこ？
エ　レ　ウー

Quand téléphonez-vous à Marie ?
カン　テ　レ　フォ　ネ　ヴー　ア　マ　リ
いつマリに電話しますか？

Léna instagramise quand ?
レ ナ アンスタグラミーズ カン
レナはいつインスタ投稿してる？

Tu dragues comment ?　どんな風にナンパするの？
テュ ドゥラッグ コ マン

Pourquoi aimez-vous la cuisine chinoise ?
プ ル ク ワ エ メ ヴ ー ラ キュイズィンヌ シヌワーズ
なぜ中国料理が好きなんですか？

　こんな感じですね！　途中に出てきたレナは、Léna
                                                                          レ ナ
Situations。フランスの女性インスタグラマー
スィチュアスィオン
（Instagrameuse）としては、トップクラスの有名人です。
 アンスタグラムーズ
どうぞ彼女のインスタ（Instagram）をチェックしてみて
                                  アンスタグラム
ください！（フォロワーは 400 万人！）

　そういえば、207 ページでもタヒチに関連して登場する
ことになるゴーギャンですが、彼の、おそらくは一番有名
な作品として、『我々はどこから来たのか　我々は何者か
我々はどこへ行くのか』があるのは、みなさんご存じだと
思います。これ、オリジナルタイトルはこうです；

D'où venons-nous ? Que sommes-nous ? Où allons-nous ?
ドゥー ヴノンヌー　　ク ソム ヌー　　ウ アロンヌー

最初の D'où 〜は、「前置詞 de（← P.171）+où」がエリ
ジオンしたもので、英語なら From where 〜に当たります。
2 文目の文頭の que は「何」です。

　ところでみなさん、このゴーギャン（Gauguin）とエッ
フェル塔の不思議な縁、ご存じでしょうか？

　ゴーギャンがタヒチ（Tahiti）に渡ったのは、1891 年の
ことなんですが、実はその 2 年前の 1889 年、パリで万博
がありました。この時の万博はとりわけ賑々しく行なわれ
たわけですが、それは、そうです、「フランス革命から
100 年」の年だったからです。そしてその目玉として出現
したのが、あのエッフェル塔でした。橋の技術者だったエッ
フェルは、当時の新素材「鉄」を用いて、いわば「橋を立
ち上げたような」（安藤忠雄）塔を作ってみせたわけです。

　そしてゴーギャンもまた、この万博を訪れました。が、
彼の心を鋭く射ぬいたのは、天をつく鉄塔ではなく、タヒ
チから運ばれ展示されていた物産だったのです。そして 2
年後、ゴーギャンは南の島に向かって出発します……。

　わたしたちは誰なのか、どこから来てどこに行くのか？
これにはきっと、正解なんてないのでしょう。ただ、問い
かけること、問い続けることなら、わたしたちにもできそ
うですね。

　というわけで、4 つの疑問詞（細かく言うなら疑問副詞）

「いつ」「どこへ」「どんな風に」「なぜ」の使い方でした。

ケスクセ？ セウー？ ウーサ？
〜疑問代名詞

　ただ……、待てよ、疑問詞というわりには、「誰が」とか「何を」とかがないぞ？　とお思いの方もいらっしゃると思います。そうなんです。「誰が」とか「何を」というのは、疑問詞の中でも「疑問代名詞」と呼ばれるもので、ここまで見てきた4つの疑問詞とはちがうタイプです。実はこれ、全体を説明するとかなりの負担になってしまうので、ここでは、サワリだけ見ておくことにしましょう。

　じゃあまず「誰が」です。これにあたる疑問詞は qui です。（「クイ」じゃないですよ。「キ」です。qu ＝［k］、でしたね。←42ページ）たとえば；

Qui danse avec Sylvie ?　誰がシルヴィーと踊るの？
キ　　ダンス　アヴェック　スィルヴィ

　そう、この qui を使う疑問文の場合は、疑問詞の qui そのものが主語なんですね。なので、疑問詞が文頭に来る＝主語が文頭に来る、ということになり、結果的に、いわば平叙文みたいな語順（主語＋動詞＋〜）になるわけです。（英語の who の使い方と同じですね。）

188

じゃあもう1つだけ。ある午後、セレクト・ショップで
ステキな靴（Louboutin？）を探していたら、おしゃれな
フラ語の曲が聞こえてきました；

Qui chante cette chanson？　誰がこの歌、歌ってるの？
キ　シャントゥ　セットゥ　シャンソン

　これは……、Lous and the Yakuza じゃない？（Yakuza !?）
そう、「ヤクザ」なんです。名前はちょっと……ですが、
コンゴ系ベルギー人である彼女の音楽は、せつなくおしゃ
れ。YouTube で確認、s'il vous plait！
　　　　　　　　　　　スィル　ザ　プレ

　じゃあ次は「何を」です。これは何通りか作れるんです
が、ここでは、一番シンプルな形をご紹介しますね；

Tu manges quoi？　何食べる？
テュ　マンジュ　クワ

　おお、簡単でした！　しかもこれなら、いくらでも作れ
そう。「何探してんの？」なら Tu cherches quoi？、イヤ
　　　　　　　　　　　　　　　テュ　シェルシュ　クワ
ホンしている友だちに「何聞いてんの？」なら Tu écoutes
　　　　　　　　　　　　　　　　　　　　　テュ　エクートゥ
quoi？　相手の言ってることがよく聞こえなくて、「誰が
クワ
何食べてるの？」と訊き返すなら、Qui mange quoi？ ...
　　　　　　　　　　　　　　　　　キ　マンジュ　クワ
　そして！　もしかしてみなさんの中に、あれ、「これは
何ですか？」が出てきてないぞ？　とお思いの方もいらっ

しゃるかもしれません。そう、

Qu'est-ce que c'est ？　これは何ですか？
ケ　ス　ク　セ

　ですね？　この文、たしかに初級の会話練習ではマスト・アイテムなので、じゃあここで覚えることにしましょうか！（ってそんな感じでいいの？）いいんです！　というのはこの文、「文法」的にはけっこう込み入ってるので、これは明らかに、そのまま覚えちゃった方が便利だからです。ルールは、またいつかってことにしましょう！
　そうだ、その代わりと言ってはナンですが、オマケ（ほとんど蛇足ですが！）として、飛び抜けて簡単な疑問の表現をそっとお伝えしましょう。たとえば友だちが、スマホで撮った風景写真、それもなかなか美しい写真を見せてくれたとします。あなたはこう訊けばいいんです。

C'est où ？　それどこなの？
セ　ウー

　簡単でしょ！　え？　なに？　もっと簡単かと思った、ですか？　分かりました、じゃあこれならどうだ！

Où ça ？　それどこよ？
ウー　サ

これ以上短くできません！　そしてこの où は、quand
や comment とも入れ替え可能です。つまり；

Quand ça ?　　それいつよ？

Comment ça ?　それってどう？　どういうこと？

　まあとりあえず、これだけ覚えとけばいっか!?
　はい、お疲れさまでした！

第7章をふり返りましょう

疑問文です。読んでみましょう。

◆ 「カフェ・オ・レはお好き？」×3通り

1）Vous aimez le café au lait ?

2）Est-ce que vous aimez le café au lait ?

3）Aimez-vous le café au lait ?

◆ 「あなたはどこに行くんですか？」×3通り

4）Vous allez où ?

5）Où est-ce que vous allez ?

6）Où allez-vous ?

7）Quand téléphonez-vous à Marie ?

8）Tu dragues comment ?

9）Pourquoi aimez-vous la cuisine chinoise ?

10）Qui danse avec Sylvie ?

11）Qu'est-ce que c'est ?

12）Tu manges quoi ?

13）Où ça ?

解答

1）ヴゼメル カフェ オ レ?

2）エスク ヴゼメル カフェ オ レ?

3）エメ ヴー ル カフェ オ レ?

4）ヴザレ ウー

5）ウー エスク ヴザレ

6）ウー アレ ヴー

7）カン テレフォネ ヴー ア マリ

8）テュ ドゥラッグ コマン

9）プルクワ エメ ヴー ラ キュイズィンヌ シヌワーズ

10）キ ダンス アヴェック スィルヴィ

11）ケスク セ

12）テュ マンジュ クワ

13）ウー サ

フラ語が通じるのはどこ？〜中東・インド

　今回は中東に渡りましょう。まずはレバノン。「中東の
パリ」と言われるベイルートを擁するこの国でも、フラン
ス語が（わりと）通じます。そのベイルートにあるエステ
サロンを舞台にしたシスターフッド映画『キャラメル』に
は、フランス語を話す老紳士が登場していました。そして
その店で働くエステティシャンであるイスラムの女性は、
「処女膜再生手術」を受けに病院に行く際、偽名として元
フランス大統領の姓 Pompidou を名乗ったりもします。（映
　　　　　　　　　　ポンピドゥー
画内で使われる「処女膜再生手術」というエピソードは、
多くの場合、自由主義と伝統的価値観の狭間にいるイスラ
ム女性たちの苦悶を、象徴的に示しています。）またレバ
ノンは70年代に激しい内戦があったので、その頃故郷を
離れた人たちと、パリやモントリオールで出会ったことも
あります。いや、大変だったんだよ……。

　ユーラシア大陸の東に目を転じると、たとえばインドの
ポンディシェリも、フランス語が通じる土地として知られ
ています。パリの北駅近くにはインド人街もあって、毎年
8月の終わりには、「ガネーシャ祭り」が盛大に行なわれ
ます。（ガネーシャ？　ほら、象の頭と4本の腕を持った、
ヒンドゥーの神様です。）北駅のさらに北側には、可愛ら
しいガネーシャ寺（Temple Ganesh）もあって、いつ行っ
　　　　　　　　　　　タンプル ガネシュ
ても、誰かしらが祈りを捧げています。

第8章

フランス人に話しかけるなら天気の話から♥
～天候と時刻の表現（非人称主語 il）

　天気の話って、大事ですよね。というか、大事なのが話してる内容じゃなく、話してるという事実そのものであるような場合、天気に勝る話題はありません！　いいんです、暑かろうと寒かろうと。それを「話してる」ってことが大事なんですから！

　というわけで、ここでは（コミュ力の増強も兼ねて！）まず天候の表現を見ていきましょう。そしてその後、語学の世界ではたいていセットになっている時刻の表現も。でも、なぜこの2つってセットなんでしょう？

　もちろん、みなさんお気づきだと思います。それは英語で言えば、両者がともに、主語として it を使った表現だから、ですよね。

　フラ語にもやっぱり、この英語の it に当たる単語があります。それが、特別な主語＝ il です。

　この it や il は、「文法用語」で言えば、非人称主語と言われるものです。いや、これはほんとにイメージしにくい

名前です！　一応簡単に説明すると、まず「人称」っても
のがあるわけです。これは、一種の「区別」なんですが、
なんの区別かというと、それは「わたし」(＝話している人)、
「あなた」(＝聞いている人)、「彼／彼女／それ」(＝その
会話に登場する人やモノ)、という３タイプの区別、なん
ですね。(でもなぜ「区別」する必要が？　と思いますが、
「文法」ってそういうものなんです。つまり、先に言葉があっ
て、後からやってきた文法学者たちが、なんとかその言葉
が持っているルールを解明しようとして、いろいろ「区別」
していく、そうやって「文法」が、あくまで後付けで、組
み上がってきたわけです。)

　話を戻すと、「非人称」でしたね。なのでこれは、「人称」
じゃない、つまり例の３タイプのどれにも該当しない、と
いうことです。非人称主語 it や il は、見かけ上は３人称
と同じですが、たしかに、「彼」や「彼女」や「それ」を
指しているわけじゃありません。「非」人称なんです。

　というわけでここでは、この非人称主語 il を使った表現
を見てゆきましょう。最初が天候、次が時刻、そしてそれ
以外の、よく使う形も少し。では始めましょう！

天気もコーヒーも chaud
〜天候の表現

　それでは天候の表現からです。これを見てください。

Il fait beau（chaud, froid）. 天気がいい（暑い、寒い）。
イル フェ ボー　　ショー　フルワ

　これが、天候を表わす代表的な3つの表現です。何度か
言ってみてくださいね。
　ここでたしかに主語は il になってますが、動詞はどうで
しょう?　ここで使われている動詞 fait の原形は、faire
です。どうですか、faire、見覚えありますか?　実は、ほ
んの一瞬出てきてました、こんな感じで!

be	have	go	do ／ make
être	avoir	aller	faire
エートゥル	アヴワール	アレ	フェール

　これは……、そうです、動詞を分類したときの第1のグ
ループ、不規則活用する4動詞、でしたね。この中の、
être や avoir はちゃんとやったし、aller を使った表現（Ça
va. とか）も見ましたよね。そして、ついに第4の動詞、
faire が登場したわけです。
フェール
　この faire は、上にも書いてある通り、do や make の意
味で多く使われます。例を挙げましょう。

Je fais du tennis avec Naomi.　　ナオミとテニスするの。
ジュ フェ デュ テニス アヴェック ナ オ ミ

Tu fais des gâteaux au chocolat ?
テュ フェ デ ガトー オ ショコラ
チョコレート・ケーキ作るの？

そう言えばフラ語には、「〜でチーズを作る」という比
喩的な表現があって、「〜を大げさに考える」という意味
になります。これはもともと、「ミルク」（のようなフツー
のもの）から、「チーズ」（のような貴重なもの）を作ると
いう表現でした。で、「ミルク」のところにさまざまな語
を入れ、それで「貴重なもの」を作る、つまり大げさに考
える、過大評価する、という感じで使われるようになった
んですね。

というわけで、faire は、こうした「ふつう」の使い方
がもちろんある。そしてそれに加えて、非人称主語とセッ
トで、天候を表わすこともある。というわけですね。（と
ころで英語で天候を表わすとき使うのは……、be 動詞で
したね？　大きな違いです！）

では天候の表現に戻りましょう。さっき挙げた例文では、
il fait の後に３つの単語が使われていました。それぞれ、
基本は形容詞として使う単語で；

beau
ボー
美しい

chaud
ショー
暑い・熱い

froid
フルワ
寒い・冷たい

198

という感じなんですが、ここではそれぞれ faire と組み合わされて、熟語表現になっていると考えることにしましょう。(faire beau =「晴れている」、みたいに考えるということです。ここでの beau の品詞は気にしないで！)

　はい、じゃあもう一度読んでみてください。

Il fait beau (chaud, froid).　天気がいい（暑い、寒い）。
イル フェ ボー　　ショー　フルワ

　いいですね？

　じゃあ1つだけ蛇足を。今出てきた chaud についてです。形容詞の時の訳語として、「暑い・熱い」と書きましたが、何か感じませんか？　いや、漢字の問題なんですが。

　日本語では、同じ「あつい」でも、気候の時と液体等の時では、漢字が違っています。「暑いコーヒー」というのは、日本語ネイティブとしてはかなり違和感がありますよね。でも！　フラ語はそこのところ、区別せず、天候だろうがコーヒーだろうが、「あつ」ければ chaud でいいんです。
ショー
そしてそれは froid にも当てはまっています。ここでは「寒
フルワ
い・冷たい」と書きましたが、これもまた、気候なのか液体なのか、のチガイですよね？　ここは日本語では、漢字を超えて、言葉そのものが変わっていますが、フラ語は同じ froid が使えるわけです。こうした言語による「区別」の仕方のチガイって、なかなかおもしろいですよね。(た

だし、今の例とは逆のケース、つまり、日本語ではまとまってるのに、フラ語では分かれてる、というケースももちろんあります。大げさなことを言うなら、この「区別」の仕方こそが、その言語を通してみたときの世界、なのでしょう。）

雲とニュアンスのステキな関係
～雨の日、雪の日の表現

では次は雨の日です。雪の日もやりますか？

Il pleut.　雨が降ってる。
イル　プルー
Il neige.　雪が降ってる。
イル　ネージュ

主語はともに il です。で、「雨」のほうの動詞の原形は、pleuvoir といいます。これは英語の動詞 rain にあたりますから、je や tu が主語になることはなく、現在形については、
ブルーヴワール
il pleut だけ知っていればいいわけです。
イル　プルー
「雪」の方の動詞の原形は neiger で、これは－er 動詞です。
ネジェ
こちらもまた、英語で言えば動詞の snow に当たるので、活用は il neige だけ知っていればいいですね。
イル　ネージュ
そうそう、ここまで来たら「曇り」の表現も見ておきましょうか。これはいくつかあるんですが、たとえばこれ；

Il fait nuageux.　曇りです
イル　フェ　ニュアジュー

　この nuageux というのは「曇っている」という形容詞で、
もとはと言えば「雲」を表わす nuage からきています。
ニュアージュ
ところでみなさん、「ニュアンス」って言葉、聞いたこと
ありますよね？　これ、実はフラ語の nuance から来てい
ニュアンス
ます。そして！　勘のいい方はお気づきでしょう、雲
nuage とニュアンス nuance は、親戚関係にあります。つ
ニュアージュ　　　　　　　ニュアンス
まりニュアンスとは、雲が刻々と色彩や形を変化させる、
その微妙な変化への感覚が大モトにあると言ってもいいで
しょう。たしかに、ビミョーな違いですよね！（そういえ
ば、コーヒーや紅茶に入れたほんのちょっとのミルクのこ
とを、 nuage de lait「ミルクの雲」なんて言うこともあ
ニュアージュ　ドゥ　レ
ります。もう、おしゃれさん！）

フランスのおやつタイムは４時からはじまる
～時刻の表現

　では続いて時刻の表現です。これ、形はチョー簡単です。
さっそくいきましょうか。こんな感じです。

　　　　　時　　　　　　分
Il est ☐3☐ heures ☐10☐.　　３時10分です。
イレ　　トゥル ワズール　　ディス

「時」の 　　　　　 に 1 〜 12 を入れ、「分」の 　　　　　 に 1 〜 60 を入れれば完成です！　まあ「時」の方について言うと、たとえば飛行機や長距離列車の話をしているときは、13 〜 24 を入れることももちろんあります。15 時 17 分発、パリ行き、とかね。

それから「時」の 　　　　　 の直後に置かれた heure（s）ウール ですが、これは基本的には、英語の hour に当たる女性名詞です。ただしここでは o'clock に近いというか、時刻を表わすために使われています。1 時の時は une heure と単数ですが、2 時以降は 2 〜 heures と複数になります。（「1 時」の「1」は、un ではなく une を使います。heure が女 ウール 性名詞だからです。）

もちろん、これ以外にも時刻の表現はあります。ありますが、今はパスしましょう。だって、上に挙げた基本パターンを使えば、すべての時刻を表現することができるからです！

ここまでは簡単でしたね？　ただ、時刻の表現で手こずるのはここからなんです。（なんですと！）まず、数字を 1 から 60 まで知っておく必要があります。といってもこれは、英語の数字を覚えるのと手間は変わりませんから、そのつもりで取り組めば大丈夫。そのあと、フラ語的な練習が必要なのは、読み方なんです。というのも、上で触れ

た heure（s）は母音（ウ）で始まっているので、前の語の末尾との間で、リエゾンやアンシェヌマンを起こすからなんです。

さっきの例文（3時10分）で見てみましょう。

Il est ⎡trois⎤ heures ⎡dix⎤.
イレ　　トゥルワ**ズ**ール　　ウール　　　ディス

3（troi**s**）の最後の s が、heures とリエゾンすることで、
トゥルワ
trois heures となっているのです。このリエゾンは必須な
トゥルワ**ズ**ール　　　　　　　　　　　　　ウール
ので、必ず「ズ」の音が入ってきます。なのでせっかく基本の文型を知っていても、このリエゾンに慣れておかないと、上手く伝わらない／聞き取れない、という可能性が出てきてしまうのです。

というわけで、ここはいいチャンス。数字と、数字を伴った時刻の読み方、同時にやってしまいましょうか！　つづりについて言うなら、数字がつづりで書かれるなんてことはまずありません。ただ残念ながら、つづりを知らないと、リエゾンができないんですよね……。仕方ない、つづりも覚えときましょう！（ま、いつかは覚える！）

とりあえず、1 から 12 までのつづりと読み方、それと 1 時から 12 時までの読み方、並べて挙げておきます。繰り返し言ってみてくださいね。

◆ 数字（1 〜 12）

1：un ／ une	5：cinq	9：neuf
アン　ユヌ	サンク	ヌ フ
2：deux	6：six	10：dix
ドゥー	スィス	ディス
3：trois	7：sept	11：onze
トゥルワ	セットゥ	オンズ
4：quatre	8：huit	12：douze
キャトゥル	ユイットゥ	ドゥーズ

◆ 時刻（1 時〜 12 時）

une heure	cinq heures	neuf heures
ユ ヌール	サンクー　ル	ヌ ヴール
deux heures	six heures	dix heures
ドゥーズール	スィズ ー　ル	ディズ ー　ル
trois heures	sept heures	onze heures
トゥルワズ ー　ル	セットゥ ー　ル	オンズール
quatre heures	huit heures	douze heures
キャトゥル ー　ル	ユイットゥール	ドゥーズ ー　ル

＊太字の部分はリエゾン。それ以外はすべてアンシェヌマン（Stand up！
ね）が起きています。

では締めくくりに、「これだけポイント」を。

◆ 時刻の表現

3 時 10 分です。
Il est ⏣ 3 ⏣ heures ⏣ 10 ⏣ .
　イレ　　トゥルワズール　　　ディス

ちなみにこの「3時10分」て、日本だったらおやつの時間に近いです。日本語の「おやつ」は、「八つ時（今の時刻ならだいたい3時頃）」に食べるので「お八つ」なわけですが、フランスでは「おやつ」を4時頃食べます。なので「おやつ」のことは、quatre heures と言います。やっぱり時刻がそのまま使われるんですね！
                              キャトゥルール

　というわけで、非人称主語を使った天候と時刻の表現を見てきたわけですが、たしかにこの主語、意味はありませんでした。実際意味がないんだったら、いっそ省略しちゃえば？　と思いませんか？　日本語なんて、「暑いね」「もう溶けちゃうよ」「スタバでも行く？」「いいね！」「じゃ荷物取ってくる」「ここで待ってる！」なんて具合で、主語なんか使っちゃいません！（ま、使うときもあります！）フラ語もこうすればいいのに！
　でもね、それはできないんです。というのもフラ語って、**主語を省略できない言葉**なんです。だから、意味なんかなくても、やっぱり主語を立てておくわけなんですね。（フラ語も英語も、単語の並び順で意味が決まる言葉なので、主語を省略すると、なにがどう並んでいるのか分かりにくくなる、ってこともあるんでしょうね。）
　お疲れさまでした！

第8章をふり返りましょう

読んでみてください。

1）Il fait beau.　／　Il fait chaud.　／　Il fait froid.

2）Je fais du tennis avec Naomi.

3）Tu fais des gâteaux au chocolat ?

4）Il pleut.　／　Il neige.

5）Il est 3（trois）heures 10（dix）.

解答

1）イル フェ ボー／イル フェ ショー／イル フェ フルワ

2）ジュ フェ デュ テニス アヴェック ナオミ

3）テュ フェ デ ガトー オ ショコラ

4）イル プルー／イル ネージュ

5）イル レ トゥルワズール ディス

フラ語が通じるのはどこ？〜オセアニア

　では最後は、オセアニアの島国２つ。まず、オーストラリアの東に位置するニューカレドニアですが、ここはフランスの海外領土です。フランスでも、日本の大学入学共通テストのようなもの（バカロレア）があるんですが、ニューカレドニアではかつて、その開始時刻が真夜中だったんです。というのも、フランス時間が基準になっているから。まあねえ、同じ試験を受けるのに、時間をずらすわけにもいかないし。そしてニューカレドニアには、現地の男性と結婚したわたしの友人が住んでいます。可愛い息子の名前は「ユーゴ」（裕吾／Hugo）くん。二十歳になったら、彼はフランス or 日本、どちらかの国籍を選ばなくてはならないのですが、どちらを選んでも、自然な感じになる名前にしたそうです。（なるほどねえ。）もうずいぶん前からですが、フラ語の勉強のために、ニューカレドニアを留学先に選ぶ学生も少なくありません。環境はいいし、時差はたったの２時間ですからね！

　そしてゴーギャン（Gauguin）の絵の舞台となったタヒチ。（フラ語では h は発音しないので Tahiti。）ビーチや珊瑚礁の素晴らしさは言うまでもないのですが、驚くのは、首都パペーテの街を闊歩する女性たちの姿です。まるで、ゴーギャンの絵からそのまま抜け出したかのよう！　いや、これはマジです。J'aime Tahiti！
　　　　　　　　　　　　　　　　　　ジェ ム タイティ

ジュ・テームで愛を伝えよう
〜目的語を代名詞にする

　さて、ここまで読んでいただいたみなさんは、もう「か
じった」というレベルを超えてしまった気がします。（パ
チパチパチ！）そして！　なんとあとはこの第9章を残す
のみとなりました！　このジュテームの章を読み終われ
ば、もう一通りの初級には触れたと言えるでしょう。まあ、
一度触れただけですべて覚えられる人なんてこの銀河系に
はいませんから、何度か復習していただく必要はあると思
いますが。ほんとによくがんばってます。エライ！

　というわけで今回は、みなさん耳にしたことがあるにち
がいない、「ジュテーム」のご紹介です。そう、I love
you. のことですね。そしてこの何でもないように見える
文の中にも、フラ語のルールがよく現れているのです。こ
こでは、そのあたりをひもといていきましょう。

　では最初に、これを挙げてしまいます。どうぞ；

Tu m'aimes ? — Oui, je t'aime.
テュ メーム   ウイ ジュ テーム
You love me ? — Yes, I love you.

　こんな感じなんですね？　これから Je t'aime. の話をす
　　　　　　　　　　　　　　　　　　ジュ テーム
るんですが、その前に１つだけ、ちょっと説明を挟ませて
ください。テーマは、そもそも「目的語」って何？　です。

目的語ってつまりは対象語ってこと
～目的語とは

　もちろん、この「目的語」という文法用語が、きわめて
不人気なのは重々承知しています！　でもね、Je t'aime.
を説明しようとすると、やはりここが避けられないポイン
トなんです。まあ、英語の参考にもなると思うので、ちょっ
とだけお付き合いください。

　まず、１つ結論を言ってしまいましょう。フラ語でも英
語でも使う「目的語」という言葉ですが、これは訳語とし
て「ちょっとなあ」と感じます。明治維新前後に、どなた
かが objet（英語なら object）という語を訳されたのでしょ
　　　　オブジェ
うが、少なくとも、ナイスな訳とは言えない。できれば、「対
象語」と訳しておいて欲しかったです。というのも、objet
　　　　　　　　　　　　　　　　　　　　　　　　オブジェ
（という文法用語）が指しているのは、「**動詞の働きかけの**
対象」だからです。J'aime Marie.（I love Mary.）なら、「マ
　　　　　　　　ジェム マリ   マリ
リ（メアリー）」はわたしが「愛する」対象ですね？　つ

まり Marie ／ Mary は「対象語（目的語）」です。Je
mange un biscuit. (I eat a cookie.) なら、「クッキー」は
  マンジュ アン ビスキュイ
わたしが「食べる」対象です。ここでも、biscuit は「対象
                                      ビスキュイ
語（目的語）」なのです。どうですか？ 「目的」より「対
象」のほうがしっくりきませんか？ もしそうなら、今後
は（みなさんの中で）「対象語」と思っていただいて、な
んら問題ありません！

　この「目的語」（まあ、世間に合わせて一応こちらを使
いますね）ですが、実は２種類あります。「直接目的語」
と「間接目的語」です。（あ、聞いたことはあります！）
そしてこの２つの違いは、すご～く単純なことなんです。
それは、動詞と「直接」つながっているか、それとも、間
に前置詞が入って「間接」的につながっているか、フラ語
の場合はそれだけです！

　さて、ではここから具体的な話に入っていくんですが、
ここで言う「具体的」っていうのは、要するに、代名詞で
置き換える、ということなんです。大丈夫、このあとすぐ
に例題が出てくるんですが、それを見たらピンと来るはず
です。そしてその後オマケな感じで、「強勢形」というも
のもご紹介します。これのヒントは、トワ・エ・モワです！
（え？ 聞いたことない？ アムロちゃんも関係あるんで
すけど……？）

「ジュテーム♥」の作り方
～直接目的語を代名詞にする

　ではまずは、「直接目的語」が代名詞になる場合から見ていきましょう。いきなりですが、こんな例題があると思ってみてください。答えも続けて書きますね。

◇下線部を代名詞にして、全文を書き換えてください。
（使った代名詞にも下線を付けること。）

　　　J'aime <u>Marie</u>.　　I love <u>Mary</u>.
　　　ジェム　　マ　リ

答え　Je <u>l'</u>aime.　　　I love <u>her</u>.
　　　ジュ　レーム

　いかがですか？　英語は簡単ですよね？　じゃあそれとフラ語の答えを比べると、どんなチガイがあるでしょうか？

　大きなチガイは２点です。まず１点目は、英語は her なのに、フラ語は l'（実は la なんです）になっているということ。そして２点目が、英語は、対象語（目的語）が Mary（名詞）でも her（代名詞）でも語順は変わらないのに、フラ語では、名詞の Marie が代名詞の l'（＝ la）に換わると、語順も変化していること。この２点です。そしてこの２点こそが、この項目のキモなんです。

　では、１点目についてお話しします。まずは、この表を

見てください。複数の表も一応挙げますが、ここでは、システムの理解が目標なので、単数中心に話を進めますね。実際の使い方は、単数も複数も同じです。

◆ 「直接」目的語になる代名詞

	単数		複数	
	フラ語	英語	フラ語	英語
一人称	me ム	me	nous ヌ ー	us
二人称	te トゥ	you	vous ヴ ー	you
三人称	le ル	him	les レ	them
		it		
	la ラ	her		

＊ me, te, le, la は、母音の後で m', t', l', l' になります。

　表の中に、la がありますね。これは、「ある名詞が女性名詞で、三人称の（直接）目的語として使われているとき、la で置き換えられますよ」ということです。そうです、J'aime Marie. の Marie は、la で置き換えられるわけです。ここまではいいですね？

　では今度は2点目、語順のことです。ただこれはもう、

ルールそのものなんですよね。これです；

目的語は、代名詞になると、動詞の前に置かれる。

　そうなんです。つまり、Marie から置き換えられた la は、動詞 aime の前に来ます。で来てみると、たまたま aime は母音で始まっているので、la はエリジオンして l' となり、結局、Je l'aime. という形に落ち着くわけです。
　では、ここで質問です。I love は j'aime だとして、I love you. をフラ語にしたら、どうなるでしょうか？　左ページの表をよく見て、文ができるプロセスも含めてご解答ください！
　答えは……
　そう、もちろん Je t'aime. なんですが、プロセスも OK でしょうか？　つまり、
ⅰ）I love you. の you は、フラ語にしたら（表にしたがって）te になる。
ⅱ）この te は目的語ですが、「代名詞」なので、動詞 aime の「前に」置く。（さっきのルールね。）
ⅲ）すると aime が母音で始まっているので、te はエリジオンして t' となる。
　こうして、「Je t'aime ♥」が出現するわけです。

◆I love you. が Je t'aime ♥ になるまで

I love you.
↓それぞれの語をフラ語になおすと
 ⅰ）Je　aime　te
　　te は目的語だけど代名詞なので
↓
　　動詞 aime の前に置く
 ⅱ）Je　te　aime
↓ te はエリジオンして t' に
 ⅲ）Je　t'aime.

　いかがでしょう？　少なくとも、Je t'aime. の中に、フラ語における目的語代名詞の使い方が詰まっている、ということは、感じていただけたんじゃないでしょうか？　そこまでくれば、もうみなさんは、「ジュテームって I love you. のことなんだぜ！」というレベルからは、一段上に行っ

214

ています。そうです、だてにこの本をここまで読んじゃい
ません！（ま、まあねえ……！）

　さて、ここで例題にいきたいんですが、その前に「否定
形」だけチラ見しておきましょう。大丈夫、簡単です。

ジュ ヌ テーム パ「わたしはきみを愛してない」
〜否定形

　こちらの例をみてください。

Je ne t'aime pas.　　わたしはきみを愛してない。
ジュ ヌ テーム パ

「きみを」と書きましたが、それはさっきの表に合わせた
だけで、もちろん日本語としては、「あなたを」も十分可
能です。性別は関係ありません。

　否定形のポイントは 1 つだけ。否定は一般に、動詞を
〈ne 〜 pas〉で挟むわけですが、ここではご覧の通りの位
　　ヌ　　　パ
置に来ています。（言葉で言うとかえってややこしいんで
すが、「〈目的語代名詞＋動詞〉を ne 〜 pas で挟む」とな
ります。）これは、目的語代名詞が使われている文に共通
のルールです。そしてここでも、ルールを覚えるというよ
り、この Je ne t'aime pas. という文を覚えてもらって、
　　　　　　ジュ ヌ テーム パ
ああ、これと同じ語順にすればいいわけね、と考えていた
だければ OK です！

「ジュ テクートゥ」は「話して」
〜直接目的語を代名詞にした例文

　はい、ではこれを踏まえて、今度はリアルな例を見てみ
ましょう。まずは『最強のふたり』からです。単純だけど
よく耳にするこの例から。

　冒頭近く、半年間連絡もせず、ふらりと実家に帰ったド
リスに対して、母親（実際は叔母なんですが）は怒りをぶ
ちまけます。そしてドリスが、そんなんじゃ話もできない
と応じると、彼女はこう言うのです；

Ok, je t'écoute.　オーケー、話して。
オケ　ジュ テクートゥ

　直訳なら、「わたしはあなた（の話）を聞く」です。こ
こで使われているのは、－ er 動詞の écouter。使い方は、
écouter 〜で「〜（の話）を聞く」です。つまり「〜」の
部分は、「直接」動詞とつながるので、「直接」目的語だと
いうことになります。というわけでまさに今、この項目に
登場しているわけですね。（英語と比較するなら、〈écouter
〜 = listen to 〜〉です。英語の場合、間に to があるので、
「〜」と動詞は「直接」つながっていません。）

　そしてこのセリフは、ほとんど決まり文句なので、『最
強のふたり』では別の場面でも出てきています。友人から

リュクサンブール公園に呼び出されたフィリップは、挨拶もそこそこにこう言うのです；

...je suis là, je t'écoute.　…来たよ、なんの話？
ジュ スュイ ラ ジュ テクートゥ

　直訳なら、「わたしはここにいる、わたしはあなたを聞く」ですが、まあ、上に訳したような感じでしょう。Je t'écoute.の雰囲気、つかめたでしょうか？（つかめたら、適当に人称を換えて、イロイロ試しに言ってみて！）
　ではもう1つ。フィリップは、文通相手である女性に一度も電話したことがないのですが、それを知ったドリスが、勝手に電話をかけてしまう場面。フィリップは、驚き慌ててこう叫びます；

Vous ne l'appelez pas hein ？　彼女に電話してないよね？
ヴ ヌ ラプレ パ アン

　ま、してるんですけどね！
　ここで使われているのは－er動詞のappelerで、これは
アプレ
「～に電話をかける；～を呼ぶ」。英語のcallと同じ意味です。で、l'はlaがエリジオンしたもの。そしてそのlaとは、文通相手の女性エレオノールその人のことです。トータルで、You don't call her. に当たります。（最後のheinは感嘆詞なので、意味上はスルーでOKです。）

そうそう、こんなセリフもありました。形はほぼ今の例と同じで、ただ今度は肯定形です；

Je te rappelle.　かけ直します（再び君に電話する）。
ジュ トゥ ラ ペ ル

　－ er 動詞の rappeler（r（e）＋ appeler）が使われています。この Je te rappelle. は、とても頻繁に耳にする決まり文句です。（英語なら、I call you back. ですね。）

　では次は、『星の王子さま』からの一節です。今回は、目的語代名詞の複数形が使われる例を見てみましょう。

　小さな王子がある星で出会ったビジネスマンは、こんなことを言っていました。空の星たち（les étoiles）はオレ
レゼトゥワル
のものさ、だって、最初に星たちを「所有」することを思いついたのはオレなんだから、と。それを聞いた王子は彼に問いかけます、それは分かるけど、星たちをどうするつもり？　ビジネスマンは答えました；

Je les gère. Je les compte et je les recompte...
ジュ レ ジェール ジュ レ コントゥ エ ジェ レ ルコントゥ
C'est difficile. Mais je suis un homme important.
セ ディフィスィール メ ジュ スュイ アンノム アンポルタン
それらを管理するのさ。それらを数えて、また数える……
難しい仕事だよ。でもオレは重要な人間だからな。

　Mmm、銀行口座の数字ばかりに囚われた、でも自己評

218

価だけはムダに高い人に似ている気が……。ま、それはともかく。

　最初の gère は、－ er 動詞 gérer「管理する」の活用形です。（つづり字記号の向きが、原形と活用形でちがっていますね？　そう、－ er 動詞なんですが、ほんのちょっとだけ変則的なんです。単なる発音の都合です。）(re) compter（途中の p は読みません。特殊です）もまた－ er 動詞で、「(再び) 数える」こと。英語の (re) count ですね。

　そしてこれら 3 動詞の前にある les、これが目的語代名詞です。文中には出てきていませんが、ここで話題になっている les étoiles「星たち」を受けています。これは三人称の複数なので、les で受けるわけです。

　そして 2 行目ですが、これは……、できますね！（ほんとに？　さすが！）

　というわけで、直接目的語を代名詞で置き換える場合を見てきました。日本でもお馴染みの Je t'aime. も、その 1 つの例だったわけですね。なんか、スッキリした気分です！

　では次に、間接目的語もチラ見しておきましょう。

これであなたもフランス語ツウ！
〜間接目的語を代名詞にする

　さてみなさん、「対象語（＝目的語）」って何でしたっけ？　そう、「動詞の働きかけの対象」でしたね？　そしてその

対象語は2通りあって、直接と間接だったと。そのチガイは、動詞と「直接」つながっているか、はたまた、前置詞を挟んで動詞と「間接」的につながっているか、でした。いいですね？　ほんとに？　じゃあ……、もうそれでいいことにしましょう、間接目的語は！

　今ここで取り上げているのは、目的語を代名詞にするっていう項目なんですが、これほんとは、フランス語検定5級じゃなく、4級の内容、しかもキモの内容なんです！「直接」目的語の方は、まだ Je t'aime. が有名なので親しみも湧くんですが、「間接」の方は、特に知られてるわけでもなく、またけっこう込み入ってるんです。（まあ、英語と考え方が違うので、そう感じがち、ってことはあるんですが。）なのでここは、淡麗辛口な日本酒みたいな感じで、サ ラ ッ と 通 り 過 ぎ る こ と に し ま し ょ う！（え？ champagne brut「極辛口シャンパン」でもいいか、ですってシャンパーニュ ブリュットゥ
？　しょうがないなあ、じゃあいいことにしますけど、わたしにも一杯お願いします！）

　では、とりあえず例題を見てください。答えも一緒に書きますから、そこまで見ちゃっていいです。どうぞ！

◇下線部を代名詞にして、全文を書き換えてください。（使った代名詞にも下線を付けること。）

　　Je parle à Marie.　わたしはマリに話しかける。
　　ジュ パ ル ル ア マ リ

答え：Je lui parle.　　　わたしは彼女に話しかける。
　　　ジュ リュイ パルル

　問題文中に、à Marie があります。これがフラ語の「間
　　　　　　　　ア マ リ
接目的語」に当たる部分なんですが……
　さっき、フラ語の間接目的語っていうのは、前置詞を挟
んで動詞とつながっている、と言いましたが、その前置詞
というのは、実はほとんど à なんです。しかも！　その à
のあとにはほとんど「人」が来るので、結論として**間接目
的語というのは、〈à＋人〉という形になっている**のです。
なので、「間接目的語を代名詞に置き換える」という問題
では、まずこの〈à＋人〉を見つけ出し、それを代名詞に
すればいいということになります。
　この例題の場合、à Marie の部分がまさにその〈à＋人〉
　　　　　　　　ア マ リ
なので、それを代名詞にすればいいわけです。じゃあ代名
詞は、というわけですが、一応表を挙げますね。言っとき
ますけど、今は覚えなくていいですよ？　表の中に lui が
　　　　　　　　　　　　　　　　　　　　　リュイ
あるのを確認してくだされば、それで十分です。また、「英
語」の欄はあくまで参考イメージなので、あまり気にしな
いでください。（さっきもちょっと触れましたけど、間接
目的語については、フラ語と英語で大きく捉え方が隔たっ
ているので、ちゃんと言い換えることはできないからです。
英語の間接目的語は、なんと、動詞と直接つながってるん

です。ぜんぜん「間接」じゃないし！）

◆「間接」目的語になる代名詞

	単数		複数	
	フラ語	英語	フラ語	英語
一人称	me ム	to me	nous ヌー	to us
二人称	te トゥ	to you	vous ヴー	to you
三人称	lui リュイ	to him to her	leur ルール	to them

lui、ありましたね？　そう、それです。そして Je t'aime.
の時もそうだったように、間接目的語の場合でも、代名詞
になると動詞の前に置かれます。つまり、

Je lui parle.　わたしは彼女に話しかける。
ジュ リュイ パルル

みたいになるわけです。フラ語の間接目的語、ちょっと感
じがつかめたでしょうか？

「トワ・エ・モワ」って憶えてますか？
〜強勢形
　では、この章のオマケとして、強勢形をご紹介しましょ

う。と言っても、実はもう出てきてるんです。これです。

Ça va ?　　　　　　　　元気？
　サ　ヴァ
Oui, ça va. Et toi ?　うん、元気。あなたは？
ウイ　サ　ヴァ　エ　トゥワ

　挨拶のところ（→ 117 ページ）でしたね。でこの最後
の Et toi ?は、英語なら And you ?に当たるんでした。
　　エ　トゥワ
ここで使われている toi が、強勢形と呼ばれるものです。
でもここは、なぜ tu を使わないんでしょう？
　まずは、強勢形の一覧表をどうぞ。今覚えなくていいで
すよ。

◆ 強勢形の一覧表

	単数		複数	
	主語	強勢形	主語	強勢形
一人称	je	moi ムワ	nous	nous ヌ ー
二人称	tu	toi トゥワ	vous	vous ヴ ー
三人称	il	lui リュイ	ils	eux ウ ー
	elle	elle エ ル	elles	elles エ ル

　一見メンドクサソーですが、4 箇所は主語と同じ形なの

で、実際はどうってことありません。

　で、この強勢形、どんな時使うのかというと、

ⅰ）前置詞の後に人称代名詞（「わたし」とか「君」とか）
　　が来たとき
ⅱ）人称代名詞を単独で使うとき
ⅲ）c'est の後
　　　セ

　この３パターンです。さっき挙げた Et toi ？というのは、
　　　　　　　　　　　　　　　　　　　　　エ　トゥワ
ⅱ）の用法ということになりますね。
　ではⅰ）の用法はと言うと、たとえばプレゼントをあげ
るときなんかに……

C'est pour toi.　　－ Pour moi ? Oh, merci !
セ　プール　トゥワ　　　　プール　ムワ　オー　メルスィ
これ君に。　　　　－わたしに？　　ああ、ありがと！

　なんかいい感じ♥です。そういえば、マリ出身の盲目の
デュオ、アマドゥー＆マリアム（→ 180 ページ）の名曲に、
Je pense à toi.（ぼくは君のことを想ってる）があります。
ジュ　パンス　ア　トゥワ
（YouTube に MV あります！）ここで使われているのは、
－ er 動詞の penser（英語でいう think）です。penser à ～
　　　　　　　　　パンセ
で、「～のことを考える、想う」となります。
　そしてⅲ）の用法ですが、これはインターホンが典型的。

ピンポ〜ン。で、出てみると；

C'est moi !　− Ah, c'est toi, Nicolas !
　セ　ムワ　　　　　ア　セ　トゥワ　ニコラ
ぼくだよ。　−あ、あなたなのね、ニコラ！

　ニコラは、なぜ急にやってきたんでしょう？　だって、午前2時なんですよ？（そ、そうだったの？）

　というわけで、強勢形はこんな感じなんですが、最後に、トワ・エ・モワについて確認しておきましょう。これはフラ語で書けば toi et moi で、英語の you and me にあたります。さっきの用法で言えばⅱ）に該当します。かつて札幌でオリンピック（1972）が開かれた頃、日本ではトワ・エ・モワと呼ばれるデュオが活躍していました。（♪虹と雪のバラード、ね。札幌市営地下鉄では、到着メロディーとして復活中！）そしてそれから27年後の1999年、映画版ポケモンのエンディングを飾ったのは、アムロちゃんの歌う toi et moi でした。よろしければ、こちらもYouTube で！
　　　　　　　　トゥワ　エ　ムワ

第9章をふり返りましょう

問題1 読んでみましょう。

1 ）Tu m'aimes ? − Oui, je t'aime.／Non, je ne t'aime pas.

2 ）Il l'aime.／Elle t'aime.　3 ）Je suis là, je t'écoute.

問題2 　以下の文をフランス語に直してください。（you は tu という設定でお願いします。）

1 ）You love me ?　　　　2 ）He loves her.

3 ）I love him.　　　　　4 ）I don't love you.

解答

問題1 　1 ）テュ メーム　ウイ ジュ テーム／ノン ジュ ヌ テーム パ　2 ）イル レーム／エル テーム　3 ）ジュ スュイ ラ　ジュ テクートゥ

問題2 　1 ）Tu m'aimes ?　2 ）Il l'aime.　3 ）Je l'aime.
　　　　テュ メーム　　　　　　イル レーム　　　　　ジュ レーム
4 ）Je ne t'aime pas.
　　ジュ ヌ テーム パ

　　大丈夫でしょうか？　aimer（愛する）ことに飽きたら（！）、今度は chercher（探す）でイロイロ試してみてください。（ex. Il la cherche. 彼は彼女を探す。♪こんなとこ
　　　　　　　　　　シェルシェ
にいるはずもないのに……）
　イル ラ シェルシュ

226

フラ語が世界各地で通じる理由

　というわけで、世界中に広がるフラ語が使える地域をご紹介してきました。ただね、こんなに広い地域で使えるのには、もちろん理由があります。それは、かつてフランスが強大な植民地帝国だった、という事実に他なりません。フランスは、その支配地域において、フラ語の使用を押しつけてきました。つまり、このフランス語圏の広大さは、植民地主義がもたらした負の遺産そのものなのです。

　そしてその象徴と言えるのが、セネガルの首都ダカールの沖合に浮かぶゴレ島、さらに言うなら、そこにある「奴隷の家」なのでしょう。今は博物館になっているこの建物は、かつて奴隷たちの収容施設でした。そしてこの「家」の奥には、そのまま船へと渡れる、ちょうどドアほどの空間がぽっかり開いています。「戻ることのない旅」（voyage sans retour）、それがこの出口の名前です。
　　　　　ヴワイアージュ サン ルトゥール

　フランスは、他の多くの大国と同じように、自らが苛烈に推し進めた植民地主義について、今まで一度も謝罪したことはありません。ただそれはそれとして、フラ語が使えるようになるということは、世界各地でさまざまな人たちとコミュニケーションが取れるということでもあるのです。フランスの謝罪については改めて考えるとして、今は、このメリットをいかす方向で進んでいくことにしましょう！

おわりに

　みなさんと楽しく巡ってきたフラ語ワールド・ツアー、なんと、ついにゴールまでたどり着きました。お疲れさまでした！　ただ、ここまでで紹介できなかった項目もいくつかあるので、それらに簡単に触れることで、お別れの言葉に代えたいと思います。

　まず第一に触れたいのは、「デジャヴュ」です。これ、もとはといえば、フラ語の「複合過去」の文なんです。

　フラ語の「過去時制」は、全部で5つあります。ただし日常会話でよく使うのは、そのうち2つ。一番フツーの過去である複合過去と、過去の習慣や継続を表わす半過去です。で複合過去の最もよくある形は、「助動詞 avoir の活用形＋過去分詞（← 164 ページ）」。たとえば「わたしは見た」だったら、J'ai vu. (vu は voir「見る」の過去分詞)。この文の途中に、「すでに」を表わす déjà を入れると J'ai déjà vu.「わたしはすでに見たことがある」になり、ほら、文の中に「デジャヴュ」が出てきました！　つまり「デジャヴュ」は、英語で言えば already seen にあたる表現だったんですね。

　では未来形はと言うと、これは英語に似ていて、近い未来、フツーの未来、未来完了という3パターンです。

またフラ語には、これも英語同様、関係代名詞や受動態、分詞構文などもあります。

　それから英語の仮定法（もしわたしが鳥だったら……）ですが、これはフラ語の条件法に相当します。ただフラ語にはもう１つ、接続法という、英語にはない考え方があります。これは、事実でも反事実でもない場合に使われます。たとえば、「彼はマリが幸せであることを望む」と言う場合、「望む」のは事実ですが、「マリが幸せ」だというのは、事実か反事実かわからない、つまり、彼の願望であるわけです。こういう場合フラ語では、接続法が使われるのです。

　……というわけで、ほんとにお別れの時が来たようです。いかがでしょう。この本を読む前に比べて、フランス語が少しでも身近なものに感じられてきたでしょうか？　もしそうなら、わたしもとてもうれしいんですが……？　またいつか、どこかでお目にかかりましょう！

　そして最後になりましたが、この本はSB新書の齋藤舞夕さんが企画を立て、その豊富な助言の中からできあがったものです。またイラストも、大ファンであるじゃんぽ〜る西さんに描いていただけて、超サイコーでした。この場を借りて、Merci beaucoup !

著者略歴

清岡智比古 （きよおか・ともひこ）

明治大学理工学部（総合文化教室）教授。NHKテレビ講座・ラジオ講座の講師を何度も務める。著書に『フラ語入門、わかりやすいにもホドがある!』ほか〈フラ語〉シリーズ全5点（すべて白水社）、『ハートにビビッとフランス語』『フランス語初級卒業講座』（ともにNHK出版）、『パリ移民映画』（白水社）、『エキゾチック・パリ案内』（平凡社新書）、『東京詩 藤村から宇多田まで』、詩集『きみのスライダーがすべり落ちる その先へ』（ともに左右社）などがある。

SB新書　611

フランス語をはじめたい！
一番わかりやすいフランス語 入門

2023年3月15日　初版第1刷発行

著　　　者	清岡智比古
発 行 者	小川 淳
発 行 所	SBクリエイティブ株式会社
	〒106-0032 東京都港区六本木 2-4-5
	電話：03-5549-1201（営業部）
装　　　丁	杉山健太郎
イラスト	じゃんぽ～る西
本文デザイン	アーティザンカンパニー株式会社
Ｄ Ｔ Ｐ	株式会社ローヤル企画
編　　　集	齋藤舞夕（SBクリエイティブ）
印刷・製本	大日本印刷株式会社

本書をお読みになったご意見・ご感想を下記URL、
または左記QRコードよりお寄せください。
https://isbn2.sbcr.jp/19404/

SB新書

本物の教養であなたの世界は180度変わる

アメリカの大学生が学んでいる本物の教養

斉藤　淳

アート界旬の2人が案内する名画の迷宮

妄想美術館

原田マハ・
ヤマザキマリ

誰も知らない癒やしの京都大人旅

おひとりからのしずかな京都

柏井　壽

寂聴さんが最期に残したかったメッセージ

今を生きるあなたへ

瀬戸内寂聴（語り手）・
瀬尾まなほ（聞き手）

聖書を知らないあなたの世界観が必ず変わる！

聖書がわかれば世界が見える

池上　彰